Ein

Finanzierungsmodell

für

Studiengebühren

Philipp Duske

Bernstein-Verlag • 2004

Als volkswirtschaftliche Diplom-Arbeit vorgelegt bei
Prof. Dr. rer. pol. Birger P. Priddat,
Stiftungslehrstuhl für Volkswirtschaft und Philosophie,
Universität Witten/Herdecke

Bibliografische Information Der Deutschen Bibliothek
Die Deutsche Bibliothek verzeichnet diese Publikation in der Deutschen Nationalbibliografie; detaillierte bibliografische Daten sind im Internet über <http://dnb.ddb.de> abrufbar.

Andreas und Paul Remmel, Postfach 1968, 53009 Bonn
www.bernstein-verlag.de
PRINTED IN GERMANY, 2004

ISBN 3-9808198-8-4

Inhaltsverzeichnis

ABBILDUNGSVERZEICHNIS

TABELLENVERZEICHNIS

Abkürzungsverzeichnis

A	Österreich
BAföG	Bundesausbildungsförderungsgesetz
BIP	Bruttoinlandsprodukt
CDU	Christlich Demokratische Union
CH	Schweiz
CHE	Centrum für Hochschulentwicklung
D	Deutschland
EStG	Einkommensteuergesetz
F	Frankreich
FIN	Finnland
FSEOG	Federal Supplemental Educational Opportunity Grants
GB	Großbritannien
I	Italien
J	Japan
MRU	MyRichUncle
NL	Niederlande
OECD	Organisation for Economic Co-Operation and Development
ÖPNV	Öffentlicher Personennahverkehr
RPI	Retail Price Index
S	Schweden
SLC	Student Loans Company
SLM	Student Loan Marketing Association
SPD	Sozialdemokratische Partei Deutschlands
USA	Vereinigte Staaten von Amerika
UWH	Universität Witten/Herdecke
WHU	Wissenschaftliche Hochschule für Unternehmensführung

1 Einleitung

1.1 Motivation und Zielsetzung dieser Arbeit

Studiengebühren an deutschen Hochschulen sind ein Thema der Bildungsökonomie. Die Bildungsökonomie ist eine Disziplin der Wirtschaftswissenschaften und hat sich in den 1950er Jahren herausgebildet.[1] Ihre Bedeutung hat deutlich zugenommen, seitdem der Zusammenhang zwischen Bildung und Ökonomie, beziehungsweise der Einfluss der Bildung auf das volkswirtschaftliche Wachstum nachgewiesen ist: In den 1960er Jahren stieg die Produktionsleistung in den westlichen Industrienationen schneller als die Summe der Inputfaktoren Kapital und Arbeit. Das Residuum wurde als technischer Fortschritt, Innovation oder „Know-How" identifiziert, was wiederum auf das gestiegene Bildungsniveau zurückzuführen ist.[2] Durch die positive Auswirkung des wachsenden Bildungsniveaus auf das volkswirtschaftliche Wachstum ist die Bildung für die Wirtschaftswissenschaft von zunehmender Bedeutung.

Insbesondere hat dabei die Hochschulbildung an Gewicht gewonnen, seitdem Innovation und technischer Fortschritt zunehmend von Akademikern in Wissenschaft und Wirtschaft hervorgebracht werden. In Kapitel 2 dieser Arbeit soll explizit darauf eingegangen werden. Vor diesem Hintergrund sind Zahl der Akademiker und Qualität der Hochschulabschlüsse entscheidend für das Wachstum des akademischen Humankapitals.

Studiengebühren stehen in diesem Zusammenhang zur Zeit im Mittelpunkt, weil ihnen wesentlicher Einfluss auf diese Größen zugeschrieben wird. Ihre Einführung kann die Qualität von Lehre und Forschung an Hochschulen verbessern, die Attraktivität des Studiums erhöhen und die Zahl der Studienanfänger steigern. Außerdem können Studiengebühren als Anreizsystem zur Verbesserung der Effizienz in der Hochschulverwaltung und des Studierverhaltens der Studierenden dienen. Die Chancengleichheit beim Zugang zur Bildung ist dabei eine Größe, die aus gesellschaftspolitischen Erwägungen zu berücksichtigen ist. Auch aus diesem Grund ist bei der Einführung von Studiengebühren die Finanzierung von entscheidender Bedeutung.

Diese Arbeit soll einen Beitrag zur aktuellen Diskussion über die Finanzierung von Studiengebühren leisten. Eine der zentralen Fragen in dieser Diskussion ist, welcher Finanzierungsmodus einer Anzahl von Anforderungen für ein bundesdeutsches Modell am nächsten kommt.

Die Recherche ergab, dass seit circa 1995 das Thema Studiengebühren wieder stärker von Institutionen der Bildungsökonomie untersucht und diskutiert wird. Das Centrum für Hochschulentwicklung (CHE) unter Leitung von Professor Dr. Müller-Böling hat

---

[1] WEIß, M.: Bildungsökonomie, 2000, S. 9.
[2] HEALY, T.: Investing, 2000, S. 23.

durch Veröffentlichungen und Symposien Studiengebühren auf die Agenda der wissenschaftlichen Diskussion gebracht.[3] Zahlreiche Veröffentlichungen sind seitdem erschienen; bildungspolitische und gesellschaftspolitische Konsequenzen sind dabei Teil der Argumentation, weshalb Studiengebühren auch auf der Agenda der Politik stehen.[4]

Die meisten wissenschaftlichen Veröffentlichungen setzen sich mit dem Pro und Contra von Studiengebühren auseinander und kommen zu unterschiedlichen Ergebnissen: Es überwiegen entweder die positiven oder negativen Konsequenzen aus der Einführung von Studiengebühren. Die Sozialverträglichkeit von Studiengebühren, Stichwort Chancengleichheit beim Hochschulzugang, spielt dabei die entscheidende Rolle, weil sie als gesellschaftspolitisches Ziel und in Verbindung mit den demokratischen Grundwerten des Grundgesetzes der Bundesrepublik als unabdingbar angesehen wird.

Aus diesem Grund ist die Konzeption einer Finanzierung von Studiengebühren Gegenstand dieser Arbeit. Interessen von Hochschulen, Studenten und Staat werden dabei mitberücksichtigt und gegeneinander abgewogen. Im Ergebnis wird ein Modell vorgestellt, das die Qualität des Studiums, die Zahl der Hochschulabsolventen, die Effizienz der Hochschulverwaltung, und die Sozialverträglichkeit verbessern kann.

1.2 Aufbau der Arbeit

Nachdem in Kapitel 1 Ziel und Anlass dieser Arbeit geschildert wurden, wird in Kapitel 2 auf die Entwicklung und aktuelle Situation des Hochschulstandortes Deutschland eingegangen. Auf diese Weise wird eine Ausgangslage für das Thema geschaffen. In Kapitel 3 werden verschiedene Modelle zur Finanzierung von Studiengebühren, beziehungsweise des Studiums vorgestellt. Sie sollen beispielgebend für die Konzeption des Modells sein; in Kapitel 4 erfolgt die eigentliche Konzeption des Modells, dabei werden Komponenten der in Kapitel 3 vorgestellten Modelle berücksichtigt, soweit sie sinnvoll erscheinen. Kapitel 5 fasst die Ergebnisse der Arbeit zusammen und gibt einen Ausblick auf das Thema Finanzierung von Studiengebühren.

---

[3] MÜLLER-BÖLING, D.: Qualitätssicherung, 1995, S. 1.
[4] SCHMOLL, H.: Kein Tabu mehr, 2003, S. 10.

2 Entwicklung Hochschulstandort Deutschland

In diesem Abschnitt wird die Entwicklung des Hochschulstandortes Deutschland und des Themas Studiengebühren in Deutschland bis zum heutigen Stand geschildert.

2.1 Entwicklung von 1950 bis zur Bildungsreform der 1970er Jahre

Studiengebühren sind verstärkt in der Diskussion, seitdem deren Einführung von der Hochschulrektorenkonferenz und Instituten wie dem CHE befürwortet wird.[5] Eher ist es eine Wiedereinführung von Studiengebühren, denn Studiengebühren waren bis zu ihrer Abschaffung Ende der 1960er Jahre an deutschen Hochschulen üblich. Ein Studium war bis dahin, aufgrund von Studiengebühren und weiteren Kosten des Studiums (Lernmittel, Lebenshaltungskosten[6]), vorwiegend nur möglich, wenn die Eltern der Studenten diese Kosten voll oder zum überwiegenden Teil finanzierten.[7] Staatliche Zuschüsse oder Ausbildungskredite als Finanzierungsalternativen waren zu jener Zeit kaum oder gar nicht verfügbar. Ein Hochschulstudium abzuschließen war daher eher eine Frage des Geldes, als eine Frage der Eignung und des Willens des Studenten. Dieser Zustand entsprach nicht der Chancengleichheit beim Zugang zur Hochschulbildung, einem gesellschaftspolitischen Grundsatz in Deutschland.[8] Infolgedessen wurde die Erhebung von Studiengebühren hauptsächlich unter Einfluss der sogenannten 68er Studentenbewegung[9] Ende der 1960er Jahre abgeschafft. Seitdem werden die Kosten für Lehre und Forschung an Hochschulen ausschließlich von Bund und Ländern finanziert und etwa zur gleichen Zeit wird das Bundesausbildungsförderungsgesetzes (BAföG) eingeführt. Auf Grundlage des BAföG werden Studenten Zuschüsse und Darlehen zur Finanzierung des Studiums angeboten.[10] Eine partielle Chancengleichheit beim Hochschulzugang wurde damit erreicht, die Finanzierungslast des Studiums wurde teilweise vom einzelnen Studierenden auf die Gesellschaft verlagert.

2.2 Aktuelle Situation

Seit den 1960er Jahren haben sich die Umstände, unter denen diese Reformen durchgeführt wurden, verändert. Heute, am Anfang des 21. Jahrhunderts, nehmen deutsche Hochschulen in der Forschung und in der Lehre keinen Spitzenplatz mehr ein. Ein markanter Beleg ist die Hochschulwahl von Studenten anderer Länder, die sich für ein oder mehrere Studiensemester in einem Gastland entscheiden. In einer empirischen Untersuchung im Jahre 2001 wurde festgestellt, dass für diese Studenten die jeweilige Qualität

---

[5] NEUVIANS, K./DOPHEIDE, S.: Konferenz, 1996, S. 216-218.

[6] Statistisches Bundesamt, Preisindex, 1999, o.S.

[7] Die Erwähnung von Lebenshaltungskosten in dieser Arbeit bezieht sich stets auf die Definition des Statistischen Bundesamtes gemäß Quelle 6.

[8] VAN LITH, U.: Ordnungsprinzip, 1985, S. 87-89.

[9] Von Studierenden dominierte Bewegung Ende der 60er Jahre für eine Reform des Hochschulwesens, des Staates und der Gesellschaft, vgl. auch MÜLLER, H.: Geschichte, 1986, S.381.

[10] Bundesministerium für Bildung und Forschung: Ausbildungsförderung, 2003, S. 6.

von Forschung und Lehre entscheidend für die Wahl des Studienortes war. Bei diesen Kriterien haben deutsche Universitäten im Rahmen der Untersuchung schlechte Noten erhalten, das geringe Angebot von Lehrveranstaltungen in englischer Sprache wurde dabei gesondert bewertet. Demnach wählen nur wenige Studenten Deutschland als Ort für ein Gastsemester aus.[11]

Die Initiative „Deutschland Denken!", ein Think Tank, der die volkwirtschaftlichen Entwicklungen des Standortes Deutschland untersucht, hat in diesem Zusammenhang zusätzlich festgestellt, dass die meisten dieser Gaststudenten überwiegend aus Ländern mit unterdurchschnittlichem Hochschulniveau, wie beispielsweise China, Türkei, Iran, Polen, und Griechenland kommen. Demgegenüber ist der Anteil von Studierenden aus Ländern mit überdurchschnittlichem Hochschulniveau wie zum Beispiel den USA, Großbritannien, Japan, der Schweiz, und Österreich für ein Studium beziehungsweise ein Gastsemester in Deutschland gering.[12] Für Studenten aus den letztgenannten Ländern sind deutsche Hochschulen demnach nicht attraktiv.

Auch die OECD stellt in ihren Studien fest, dass das Studium in Deutschland im Vergleich mit dem Studium in anderen hochentwickelten Ländern generell nicht ebenbürtig ist. Im Folgenden sollen die dafür wesentlichen Ursachen identifiziert werden:

1. Überfüllte Hörsäle im Grundstudium und ein unterdurchschnittliches Betreuungsverhältnis im Hauptstudium führen beim einzelnen Studenten zu einer eingeschränkten Lernleistung während des gesamten Studiums. Die Quote der Studienanfänger eines Jahrganges stieg in Westdeutschland von 7,9% im Jahr 1960 auf 34,5% im Jahr 1996, was einer Vervierfachung der Studentenzahl entspricht. Die Zahl des wissenschaftlichen Personals an den Hochschulen ist diesem Wachstum nicht angepasst worden.[13]

2. Durch enge Bindung an die Bildungsministerien der Länder und das bundesweit geltende Hochschulrahmengesetz ist die Gestaltungsfreiheit der staatlichen Hochschulen eingeschränkt. Hochschulbudgets werden von Finanzministerien der Bundesländer extern vorgegeben, ebenso wird die Verteilung des Budgets innerhalb der Hochschule vom jeweiligen Bildungsministerium des Landes beeinflusst.[14] Ein Wettbewerb um die „klügsten Köpfe" ist nicht möglich, weil die meisten staatlichen Hochschulen sich die Studenten nicht im Rahmen eines Bewerbungsverfahrens auswählen können. Die Studenten werden den Hochschulen von der Zentralstelle für die Vergabe von Studienplätzen (ZVS) zugewiesen.[15]

---

[11] JENSEN, St.: Ausländerstudium, 2001, S. 1-2.
[12] SCHULLER, P./EDERER P.: Geschäftsbericht, 1999, S. 98.
[13] FUCHS, H.-W./REUTER, L. R.: Bildungspolitik in Deutschland, 2000, S. 107-112.
[14] BODENHÖFER, H.-J.: Hochschulreform, 2000, S. 115-130.
[15] VAN LITH, U.: Ordnungsprinzip, 1985, S. 1-4.

3. Besonders wichtig scheint für diesen Zusammenhang die chronische und teilweise sogar zunehmende Unterfinanzierung der Hochschulen zu sein. Von ihr hängt neben der Sachmittelausstattung auch der vorgenannte Aspekt der Personalausstattung ab. Hochentwickelte Industrienationen wenden im Durchschnitt 1,3% des Bruttoinlandsproduktes für das nationale Hochschulwesen auf, Deutschland schneidet mit 1% knapp unterdurchschnittlich ab.[16]

Neben dieser unterdurchschnittlichen Mittelausstattung wird die Mittelverwendung an staatlichen Hochschulen in Deutschland als ineffizient beurteilt: Vorgegebene Organisationsstrukturen und mangelnder Wettbewerbsdruck fördern die Bürokratisierung des Hochschulapparates. Ein überdurchschnittlicher Teil des Hochschulbudgets wird an dieser Stelle verbraucht und kommt nicht bei den Lehrstühlen an. Fehlende Anreizstrukturen in der Hochschulverwaltung führen zu erheblichen Wartezeiten bei Prüfungsterminen und damit zu einer längeren Studiendauer. Dies verursacht höhere Kosten im Hochschulbetrieb und schmälert das Budget der Hochschule abermals.

Neben diesen Erklärungen für die schlechte Personal- und Sachmittelausstattung deutscher Hochschulen sind noch zwei weitere finanzielle Aspekte zu nennen: Sponsoren und Studiengebühren. Viele Hochschulen in anderen Ländern, wie zum Beispiel in den USA, sind in der Lage, mit Drittmitteln ihr Budget einzuwerben. Dazu zählen Forschungsaufträge und Spenden von Unternehmen, Stiftungen und Privatleuten (zum Beispiel Alumni). An US-amerikanischen Universitäten beträgt dieser Anteil im Durchschnitt 40% des Gesamtbudgets. Insgesamt haben alle US-amerikanischen Hochschulen im Jahr 2001 26 Milliarden Euro aus diesen Quellen einnehmen können, das sind umgerechnet 1,2% des Bruttoinlandsproduktes der USA. In Deutschland sind es 0,1%.[17]

Eine weitere Finanzierungsquelle dieser Hochschulen sind die hier zur Diskussion stehenden Studiengebühren. An staatlichen Hochschulen in Deutschland dürfen derzeit keine Studiengebühren erhoben werden. Allerdings werden sie von Wissenschaftlern und Bildungspolitikern immer mehr als notwendige, aber eben auch sozialverträgliche Finanzierungsquelle angesehen[18]. Der Rektor der Universität Erlangen-Nürnberg, Prof. Dr. Karl-Dieter Grüske, schätzt, dass bei gleichzeitiger Konstanz der Bundesmittel für Hochschulen, mit Studiengebühren in Höhe von € 500 pro Semester die Zahl des wissenschaftlichen Betreuungspersonals sofort verdoppelt werden könnte.[19] Jedoch gelten als wesentlicher Effekt von Studiengebühren die dadurch entstehenden Anreizmechanismen: Studiengebühren sind zeitabhängig zu entrichten und würden demnach Anreiz dazu geben, die Dauer des Studiums zu verkürzen und die Anzahl von Fachwechseln, die auf Fehlentscheidungen bei der Wahl des Erststudiums zurückzuführen sind, zu verringern. Aus

---

[16] DRÄGER, J.: Bildungsdarlehen statt BAföG, 2003, S. 2.
[17] HARTUNG, M.: Erst lernen, dann zahlen, 2003, S. 83-84.
[18] SCHMOLL, H.: Kein Tabu mehr, 2003, S. 10.
[19] GRÜSKE, K.-D.: Studiengebühren, 2003, S. 11.

dem gleichen Grund dürfte die Zahl derer, die ohne ernste Absichten ein Studium aufgenommen haben und damit Hochschulkapazitäten binden, sinken.

Es ist noch ein weiteres Argument für die Beteiligung der Studenten an den Kosten des Studiums anzuführen: Neben dem Nutzen, den die Volkswirtschaft aus dem tendenziell höheren Lebenseinkommen des Akademikers zieht, wird der persönliche Nutzen des Absolventen jedoch bisher nicht berücksichtigt. Hochschulbildung ist ein öffentliches Gut und gleichzeitig auch ein privates Gut. Verteilungspolitisch wird es daher mittlerweile von Politikern und Wissenschaftlern als ungerecht eingestuft, dass das Studium ausschließlich mit Steuern finanziert wird.[20] Zudem wird in diesem Zusammenhang von den Befürwortern von Studiengebühren eine Veränderung der Wahrnehmung des Studiums in Deutschland angestrebt: Das Studium soll nicht als kostenloses öffentliches Gut mittelmäßiger Qualität, sondern als lohnenswerte Investition in die persönliche Zukunft verstanden werden, in der Studiengebühren ein Teil dieser Investition sind.

Unter Beachtung dieser Argumente, die für die Einführung von Studiengebühren sprechen, beabsichtigen einige von Unions-Parteien regierte Bundesländer, entgegen des Verbots von Studiengebühren, diese einzuführen. Unter Führung des Freistaates Bayern haben mehrere von der Union regierte Bundesländer (Bayern, Baden-Württemberg, Hamburg, Sachsen, Sachsen-Anhalt und Saarland) im April 2003 beim Bundesverwaltungsgericht eine Klage gegen das vor den Bundestagswahlen von der Bundesregierung verabschiedete Bundesgesetz zum Verbot von Studiengebühren von 2002 eingereicht.[21]

Bei positiver Entscheidung des Bundesverwaltungsgerichts ist es also wahrscheinlich, dass in wenigen Jahren bundesweit Studiengebühren von Hochschulen erhoben werden. Für diesen Fall ist zu analysieren, welche Konsequenzen dies für Volkwirtschaft, Gesellschaft, Hochschulen und den einzelnen Studenten hätte. Um Studiengebühren im Ganzen erfolgreich einführen zu können, sind alle potentiellen Negativ-Auswirkungen im Vorwege zu identifizieren. Hierfür bietet sich die Skizzierung eines Worst-Case Szenarios an, das folgend beschrieben wird: Wohlmöglich fällt die Zahl der Studienanfänger, weil das Studium für viele nicht mehr finanzierbar ist. Im Studium sinkt das gesamte Leistungsniveau, weil viele Studierende deutlich mehr neben dem Studium arbeiten müssen, um die zusätzlichen Studiengebühren zu finanzieren. Dies verlängert die ohnehin überdurchschnittlich langen Studienzeiten. Aus dem gleichen Grund steigt die Zahl der Studienabbrecher. Im Ergebnis dürfte also nach einer flächendeckenden Einführung von Studiengebühren die Akademikerquote signifikant sinken, ebenso das qualitative Niveau der Studienabschlüsse. Indirekte Wirkungen wären, dass Studierende wahrscheinlich weniger Praktika und Gastsemester im Ausland absolvieren würden, aus Mangel an Zeit und Geld.

---

[20] MÜLLER-BÖLING, D.: Qualitätssicherung, 1995, S. 3-4.
[21] VON MÜNCHAUSEN, A.: Länder, 2003, S. 6.

Die Konsequenzen für die Gesellschaft sind in diesem Szenario ebenfalls negativ: Das Studium ist dann wieder eine Frage des Geldes, von einer Chancengleichheit beim Hochschulzugang kann dann nicht mehr gesprochen werden. Bildung, eine der Hauptchancen für sozialen Aufstieg, wird für einige Betroffene unmöglich. Gesellschaftliche Segregation ist die Folge. Anstelle einer Leistungselite wird eine Geldelite gefördert. Der freie Zugang zur Bildung, beziehungsweise zum Hochschulstudium, ein wesentlicher Beitrag zur gesellschaftlichen Kohäsion, ist nicht mehr existent.

Neben diesen Entwicklungen ist die Einführung von Studiengebühren unter volkswirtschaftlichen Kriterien zu beurteilen: Durch die Globalisierung der Wirtschaft ist eine fortschreitende Verschiebung der Arbeitsteilung beobachtbar. In „The well-being of nations: The role of human and social capital", einer Studie der OECD wird festgestellt, dass die Güterproduktion zunehmend in Volkswirtschaften mit preiswerten Arbeitskräften ausgelagert wird. Den hochentwickelten Industrienationen, darunter Deutschland, bleibt bei dieser Entwicklung zwangsweise die Produktion des Know-Hows, des technologischen Fortschritts übrig. Die dafür notwendigen Fähigkeiten werden überwiegend durch den tertiären Bildungsbereich, also Hochschulen, ausgebildet. Eine geringere Akademikerquote und Qualität des Studiums, induziert durch die Einführung von Studiengebühren, ist demnach im Wettbewerb mit hochentwickelten Industrienationen wie beispielsweise den USA, Frankreich, Großbritannien und Japan kontraproduktiv.[22] Es wirkt der notwendigen Entwicklung zu einer Wissensgesellschaft entgegen: Bereits jetzt nimmt Deutschland in einer weiteren Studie der OECD bei den „Voraussetzungen für eine wissensorientierte Wirtschaft" nur Platz sieben hinter Ländern wie Finnland, den Niederlanden, Großbritannien, Italien, den USA und Schweden ein (Abbildung 1). Dieser Eindruck wird in einer weiteren Untersuchung der Studie bestätigt: Beim Ranking „Jährliches Wachstum des Wissenschafts- und Technologiepersonals 1992-1999" belegt Deutschland ebenfalls nur Platz 7 hinter der Schweiz, Schweden, den USA, den Niederlanden, Großbritannien und Finnland (Abbildung 2).[23]

---

22 OECD: The well-being of nations, 2001, S. 29-35.

23 OECD: Science, 2001, S. 96.

Abbildung 1:
Jährliches Wachstum des Wissenschafts- und Technologiepersonals 1995-1999

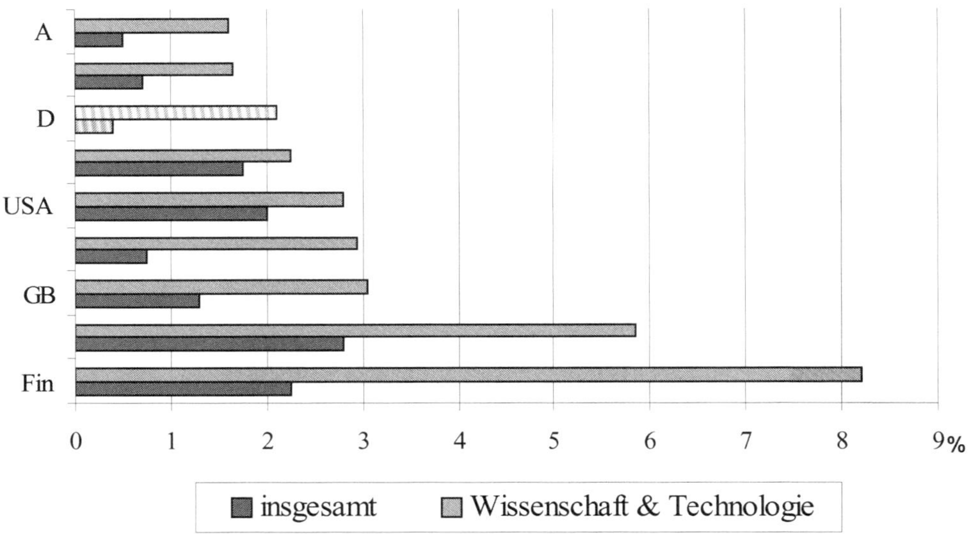

(Quelle: OECD, 2001).

Abbildung 2:
Voraussetzungen für eine wissensorientierte Wirtschaft

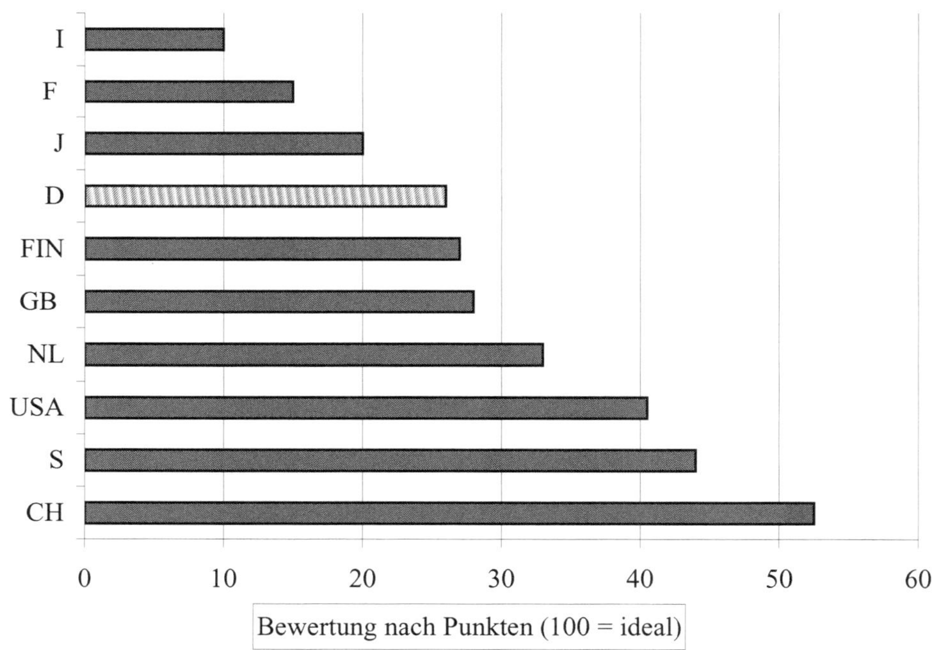

(Quelle OECD, 2001).

Aus diesem Worst-Case Szenario wird abgeleitet, dass bei Eintreten dieser Konsequenzen eine Einführung von Studiengebühren nicht verantwortbar ist. Wird dieses Szenario mit der vorangegangenen Argumentation Pro Studiengebühren, welche die Notwendigkeit und Vorteile von Studiengebühren verdeutlicht, kombiniert, ist das Ergebnis, dass Studiengebühren nur dann zu verantworten sind, wenn sichergestellt werden kann, dass im Resultat die positiven Effekte überwiegen.

Die These ist, dass dieses Problem durch ein Modell zur Finanzierung von Studiengebühren gelöst werden kann. In dieser Arbeit soll ein Modell entwickelt werden, dass diesem Anspruch möglichst nahe kommt.

Im folgenden Kapitel wird zunächst Bezug auf national wie international praktizierte Modelle genommen, die beispielgebend für die Konzeption des Modells sind.

3 Modelle zur Finanzierung von Studiengebühren

In diesem Abschnitt werden sieben Modelle vorgestellt, die entweder konzipiert sind für die Finanzierung von Studiengebühren und/oder weiterer Kosten des Studiums, etwa der Kosten für Lehrmittel sowie der Lebenshaltungskosten des Studierenden. Bei der Auswahl wurden solche Modelle berücksichtigt, die möglichst unterschiedliche Finanzierungs- und Rückzahlungskomponenten aufweisen und außerdem für ein bundesdeutsches Modell zur Finanzierung von Studiengebühren als Vorbild dienen können. Beispielsweise wurde das Studienfinanzierungssystem der Niederlande nicht berücksichtigt, weil es eine Förderung aller Studierenden vorsieht und ebenfalls das Modell Australiens ausgelassen, weil andere Modelle, die in dieser Arbeit vorgestellt werden, gleichen Typs sind.

Die Modelle werden nach folgendem Muster beschrieben, soweit es der jeweilige Modelltyp ermöglicht:

- Studiengebühren
- Finanzierung der Studiengebühren
- Rückzahlungskonditionen
- Anmerkungen

3.1 Modell Universität Witten/Herdecke

An der Universität Witten/Herdecke (UWH), einer der ersten Hochschulen privater Trägerschaft in Deutschland, werden Studiengebühren nicht seit der Entstehung der Universität im Jahr 1983 erhoben. Dies ist erst seit 1995, 13 Jahre nach Gründung der Fall. Hauptursache für die Einführung der Studiengebühren war eine Finanzierungslücke. Im

Jahr 2003 beträgt der Anteil der Studiengebühren am Gesamtbudget der Hochschule 7%. Neben diesem finanziellen Effekt ist eine wichtige Signalwirkung zu nennen: Bestehende und potentielle Sponsoren der Universität sind eher motiviert die Universität zu unterstützen, seitdem die Studenten sich an den Kosten der Hochschule beteiligen.[24]

Die Studiengebühren betragen monatlich gerundet € 281 je Studierenden und werden an die StudierendenGesellschaft e.V. gezahlt. Dieser, von Studierenden der Universität geführte Verein, verwaltet das Studiengebührenkonzept und überweist die fälligen Beträge an die Universität.[25] Da die Regelstudienzeiten der Studienfächer unterschiedlich ausfallen, beispielsweise 9 Semester an der wirtschaftswissenschaftlichen und 10 Semester an der medizinischen Fakultät, sind die Studiengebühren in der Summe unterschiedlich. Jeder Studierende zahlt mindestens für die Anzahl der eingeschriebenen Semester, jedoch höchstens bis zum Erreichen der Regelstudienzeit. Beispielsweise betragen die maximalen Studiengebühren eines Studenten der Wirtschaftswissenschaften € 15.185.

Die Fähigkeit, die Studiengebühren selbst finanzieren zu können, hat bei der Bewerbung um einen Studienplatz an der Universität Witten/Herdecke keine Relevanz. Es ist Auftrag der Auswahlkommission, die Bewerber nach Kriterien der Leistungsfähigkeit, der Leistungswilligkeit und der sozialen Kompetenz auszuwählen. Die finanziellen Möglichkeiten des Bewerbers werden weder bei der Einreichung der schriftlichen Unterlagen noch in den Interviews abgefragt. Diese Verfahrensart wird auch „Need-Blind-Admission" genannt.

Für Bewerber, die die Studiengebühren während des Studiums nicht entrichten können, muss demnach ein Finanzierungskonzept angeboten werden. An der Universität Witten/Herdecke war die Entwicklung eines eigenen Konzeptes notwendig, weil in Deutschland keine derartigen Produkte, standardisiert von Banken oder ähnlichen Institutionen, angeboten wurden. Beim Wittener Modell handelt es sich um ein „Studiengebührenkonzept mit nachlaufender Zahlung". Die StudierendenGesellschaft versucht die Finanzkraft der Studenten individuell zu berücksichtigen und bietet deshalb 3 Zahlungsoptionen an: Der sogenannte „Vollzahler" entrichtet die Studiengebühren für jeden Monat während der Regelstudiendauer aus eigenen Mitteln. Der „Halbzahler" entrichtet lediglich die Hälfte von € 281 selbst, die andere Hälfte wird von der StudierendenGesellschaft für die Dauer des Regelstudiums vorfinanziert. Der „Nichtzahler" erhält eine komplette Vorfinanzierung der Studiengebühren für sein Studium. Die Studierenden, die eine der beiden letztgenannten Optionen wählen, müssen keinen Bürgen, zum Beispiel die Eltern, stellen. Die StudierendenGesellschaft tritt für die Studenten als Schuldner ein und überweist die Studiengebühren an die Universität. Im Falle der beiden letztgenannten Modi geht sie mit der Zahlung der Gebühren in Vorleistung, bis der Absolvent ein ausreichendes Einkommen erzielt. Langfristig decken so die Absolventen mit ihren Zahlungen

---

[24] SCHILY, K.: Finanzierung, 2003, S. 46.
[25] StudierendenGesellschaft: Vertrag, 2003, S. 1-9.

die fälligen Gebühren der zu jenem Zeitpunkt studierenden Halb- und Nichtzahler und ermöglichen damit die Funktion des „umgekehrten Generationenvertrags".

Der Rückzahlungsmodus ist so konzipiert, dass auch hier die finanziellen Möglichkeiten des Absolventen sozialverträglich berücksichtigt werden. Der Zahlungszeitraum beginnt am 1. Januar, der auf das Datum der Exmatrikulation folgt. Grundsätzlich werden 8 Jahre, bei „Halbzahlern" sind es 4 Jahre, 8% des verfügbaren Einkommens[26] an die StudierendenGesellschaft gezahlt. In der Summe kann dies, je nach Einkommenshöhe, mehr oder weniger als die angefallenen Studiengebühren, beispielsweise € 15.185 bei einem Studierenden der Wirtschaftswissenschaften, sein. Allerdings wurden eine obere und eine untere Kappungsgrenze festgelegt. Durch die obere Kappungsgrenze wird verhindert, dass mehr als € 30.000 zurückgezahlt werden. Die untere Kappungsgrenze wurde für niedrige Einkommen festgelegt: Wer mit seinem verfügbaren Jahreseinkommen unter die Grenze von € 17.000 fällt, kann sich für das betreffende Jahr von der Rückzahlung befreien lassen. Der maximale Zahlungszeitraum ist auf 20 Jahre beschränkt. Mit diesen Merkmalen ist eine Umverteilungsfunktion in das Modell integriert worden: Überdurchschnittlich verdienende Absolventen gleichen die Minderzahlungen anderer aus. Geringverdiener werden auf diesem Weg entlastet. Insgesamt kann dadurch das Gleichgewicht des Finanzierungskonzeptes gehalten werden.[27]

Anzumerken ist, dass das Konzept nur die Finanzierung der Studiengebühren abdeckt. Es gibt seitens der Universität kein Angebot zur Finanzierung weiterer Kosten des Studiums, etwa den Lebenshaltungskosten, hier muss der Studierende auf das BAföG zurückgreifen.[28]

3.2 Modell Wissenschaftliche Hochschule für Unternehmens-führung

Die ebenfalls durch Privatinitiative entstandene und hauptsächlich von der Otto-Beisheim-Stiftung finanzierte Wissenschaftliche Hochschule für Unternehmensführung (WHU) in Koblenz bietet den Studierenden mehrere Optionen zur Finanzierung der Studiengebühren an: Es werden Freiplätze und Bankdarlehen mit und ohne Übernahme von Zins und Tilgung während der Studiendauer angeboten.

Die Studiengebühren an der WHU betragen € 5.000 je Semester, die Dauer des Studienganges Betriebswirtschaftslehre beträgt 8 Semester. Die Summe der Studiengebühren für ein Studium ist damit € 40.000. Über diesen Zeitraum hinausgehende Semester werden nicht berechnet.[29]

---

26 Verfügbares Einkommen ist hier definiert als die Summe der positiven Einkünfte gemäß § 2 Abs. I und Abs. II des EStG. Von diesen werden die Beiträge zur Sozialversicherung abgezogen.

27 StudierendenGesellschaft: Freiheitliche Bedingungen, http://www.studges.de/index2.html, 20.11. 2003.

28 StudierendenGesellschaft: Kosten des Studium, http://notesweb.uni-wh.de/wg/orga/wgorganisation.nsf/ContentByKey/RHEU-5FEF45-DE-p, 21.11.2003.

29 WHU: Studienfinanzierung, http://www.whu.edu/content/ger/navigation/Frameset/index.php?navID=2, 15.10.2003.

Die erste Finanzierungsoption hat den Charakter eines Zuschusses: 20% der Studierenden eines Jahrganges können einen Freiplatz erhalten, sofern ihr Einkommen 7.670 € gemäß BAföG-Richtlinien nicht überschreitet. Ein Beleg des BAföG-Amtes ist der Hochschule vorzulegen. Studierende, die diese Bedingungen erfüllen, sind von der Zahlung der Studiengebühren befreit. Gibt es mehr Antragsteller als Freiplätze, so werden diese in der Reihenfolge des Ranking des Auswahlverfahrens vergeben.

Als zweite Option steht ein über die Hochschule vermitteltes Darlehen der Sparkasse Koblenz zur Verfügung. Voraussetzungen sind Immatrikulation und eine erfolgreiche Überprüfung der Kreditwürdigkeit. Dabei wird überprüft, ob der Student bei anderen Zahlungsverpflichtungen in Verzug ist. Für die Dauer des Studiums übernimmt die Hochschule die Zahlung von Zins und Tilgung für das Darlehen. Für diese Option können sich solche Studierende bewerben, deren Einkommen gemäß BAföG nicht mehr als 12.780 € im Jahr beträgt. Das Kontingent an diesen Darlehen ist begrenzt.

Die dritte Option ist, ebenfalls ein Darlehen bei der Sparkasse Koblenz aufzunehmen. Die besonderen Konditionen, wie günstiger Zinssatz, sind der obigen Variante ähnlich, allerdings muß der Studierende bereits während des Studiums Zins und Tilgung selbst zahlen. Für beide Darlehensoptionen werden verschiedene Zinssätze angeboten: ohne Bürgschaft der Eltern 6,44% per annum, mit Bürgschaft der Eltern 5,69%. Maximal kann die Darlehenssumme € 40.000 betragen, was der Höhe der Studiengebühren entspricht.

Die Rückzahlung des Darlehens beginnt ein Jahr nach Abschluss des Studiums und beträgt jährlich mindestens 10% der Darlehenssumme. Eine Tilgung während der Studienzeit ist nicht möglich.[30]

Auch bei diesem Modell werden lediglich Angebote zur Finanzierung der Studiengebühren gemacht. Lebenshaltungskosten und weitere Kosten des Studiums werden von diesem Modell nicht berücksichtigt. Es wird ebenfalls, wie von der StudierendenGesellschaft der Universität Witten/Herdecke, auf das BAföG-System verwiesen.

3.3 Modell Dr. Jörg Dräger, Wissenschaftssenator Hamburg

Dr. Jörg Dräger, Senator für Wissenschaft und Forschung der Hansestadt Hamburg hat diesen Modellvorschlag auf der Bayrischen Hochschulrektorenkonferenz im Mai 2003 vorgestellt. Das Modell ist ein Vorschlag für eine bundesweite Finanzierung von Studiengebühren und weiterer Kosten des Studiums auf Seiten des Studenten. Es ist damit ein Konkurrenzmodell zum BAföG-System und soll laut Dräger dieses ablösen. Neben dem BAföG-System sollen ebenfalls Kindergeldzahlungen an Eltern von Studierenden abgeschafft werden. Diese Beträge sollen statt dessen in Form von Darlehen direkt an die Studierenden fließen.

---

[30] Sparkasse Koblenz: Darlehensvertrag, S .1, 2003.

Studiengebühren sollen von den Hochschulen individuell erhoben werden, unabhängig vom Bund oder Bundesland. Laut Dräger entscheidet letztendlich die Qualität des Lehr- und Forschungsangebotes im Wettbewerb mit anderen Hochschulen, in welcher Höhe und welchem Umfang Studiengebühren erhoben werden können. Mit diesen Merkmalen soll ein Markt für Hochschulbildung entstehen, der den Wettbewerb von Hochschulen ermöglicht.[31]

Das Finanzierungsangebot hebt sich in einem weiteren Punkt deutlich vom BAföG-System ab: Es richtet sich an alle Studenten, Einkommen und Vermögensverhältnisse der Eltern bleiben unberücksichtigt. Studierende müssen lediglich die Immatrikulation vorweisen. Mit dieser Komponente folgt der Vorschlag den Modellen skandinavischer Länder wie Schweden und Norwegen. Auch dort bleiben die Vermögensverhältnisse der Eltern unberücksichtigt, der Student wird unabhängig gefördert.[32]

Das Finanzierungsangebot an die Studierenden beinhaltet einen Darlehensbetrag von bis zu € 6.500 pro Jahr je Student. Das Darlehen soll für die Dauer der Regelstudienzeit zur Verfügung stehen, währenddessen übernimmt der Staat den Zinsaufwand von 5% per annum. Mit diesem Betrag sollen Studiengebühren und weitere Kosten des Studiums, wie etwa Lebenshaltungskosten abgedeckt werden. Jobs neben dem Studium sollen damit obsolet und die durchschnittliche Studiendauer verkürzt werden.

Nach Abschluss des Studiums muss der Absolvent Zins und Tilgung für die geliehene Darlehenssumme über einen Zeitraum von 13 Jahren zurückzahlen. Der monatliche Rückzahlungsbetrag beträgt 8% des monatlichen Bruttoeinkommens. Bei Unterschreiten einer bestimmten Einkommensgrenze muss das Darlehen nicht getilgt werden.

In diesem Modell ist keine Umverteilung vorgesehen. Jeder Schuldner zahlt nur maximal den Betrag zurück, den er in Anspruch genommen hat. Da aber auch in diesem Modell eine Einkommensuntergrenze vorgesehen ist, muss der Staat zwangsläufig als Gläubiger die Rückzahlungsausfälle tragen. Dräger schätzt eine Ausfallquote von 15% pro Jahr und damit eine Ausfallsumme von € 900 Millionen jährlich.[33]

3.4 Staatliches Modell Großbritannien

Nachdem exemplarisch drei deutsche Konzepte vorgestellt wurden, werden nun Finanzierungsmodelle anderer Länder, beginnend mit Großbritannien, vorgestellt.

Das Studienfinanzierungssystem Großbritanniens wurde bis zum Jahr 2000 reformiert. Seit 1995 wurde der Anteil der Zuschüsse, der 1995 noch 50% war, jährlich um 10%

[31] DRÄGER, J.: Bildungsdarlehen statt BAföG, 2003, S. 21-23.
[32] Eurydice: Ausbildungsförderung, 1999, S. 116.
[33] DRÄGER, J.: Bildungsdarlehen statt BAföG, 2003, S. 24.

gesenkt. Seit dem Jahr 2000 werden ausschließlich Darlehen angeboten.[34] Im Auftrag des britischen Bildungsministeriums administriert die Student Loans Company (SLC) das Fördersystem. Es wird Wert gelegt auf eine persönliche Information und Beratung der Studienbewerber über die Möglichkeiten der Studienfinanzierung. Dadurch soll die Chancengleichheit verbessert und etwaige Hemmungen vor den Kosten eines Studiums genommen werden.

Grundvoraussetzung für die Förderung ist die Zulassung zu einem staatlich anerkannten Hochschulstudium. Förderart ist ein Darlehen, das alle Studenten zur Finanzierung des Studiums erhalten. Anderweitige Kreditverbindlichkeiten oder ein Offenbarungseid führen nicht zu einer Ablehnung des Darlehensantrages, sie müssen lediglich angegeben werden.

Der Grundsatz der selektiven Förderung wird bei diesem Modell an ungewöhnlicher Stelle angewendet: Nicht nur die Höhe des Darlehens, sondern auch die Höhe der zu zahlenden Studiengebühren wird am Einkommen der Eltern, beziehungsweise des Studenten orientiert. Ist das jährliche Bruttoeinkommen niedriger als € 29.498, hat der Student keine Studiengebühren zu entrichten. Bis € 43.930 muss ein Teil der Studiengebühren gezahlt werden, ist das jährliche Bruttoeinkommen höher als € 43.930, ist die volle Höhe der Studiengebühren von jährlich € 1.583 fällig.[35] Ähnlich wird die ausschöpfbare Höhe des Darlehens berechnet: € 4.220 können jährlich unabhängig vom jährlichen Bruttoeinkommen der Eltern, beziehungsweise des Studenten in Anspruch genommen werden. Weitere € 1.407 werden von der finanziellen Bedürftigkeit des Studenten abhängig gemacht.[36]

Gesondert wird berücksichtigt, ob der Student im Haushalt der Eltern wohnt. Für diesen Fall beträgt die Summe € 3.341 anstatt € 4.220. Sind die durchschnittlichen Lebenshaltungskosten am Wohnort signifikant höher, beispielsweise in London, können sogar € 5.198 pro Jahr geliehen werden. Für das Darlehen werden Zinsen bereits während des Studiums berechnet. Der Zinssatz für 2002/2003 beträgt 1,3% und orientiert sich an der Höhe des amtlichen Retail Price Index, der mit dem Verbraucherpreisindex des Statistischen Bundesamtes vergleichbar ist.[37]

Die Rückzahlung beginnt im April des Folgejahres nach Abschluss oder Abbruch des Studiums. Die Konditionen sind sozialverträglich gestaltet worden, indem die Einkommenshöhe des Rückzahlers individuell berücksichtigt wird. Die Gefahr der Überschuldung und Angst vor Überschuldung wird dadurch verringert. Im Durchschnitt dauert die Rückzahlung des Darlehens 5 Jahre. Bei niedrigem Einkommen oder Arbeitslosigkeit ist ein Zahlungsaufschub möglich, was die Rückzahlungsdauer auf maximal 25 Jahren verlängert. Niedriges Einkommen ist gegeben, wenn dieses weniger als 85% des national

---

[34] EURYDICE: Ausbildungsförderung, 1999, S. 232-233.
[35] 1 € = 0,7109 £, Tageskurs, Frankfurter Allgemeine Zeitung, 25.7.2003, S. 21.
[36] Department for Education and Skills: Support, 2003, S. 13.
[37] Department for Education and Skills: Support, 2003, S. 9-11.

durchschnittlichen Einkommens (National Average Income) beträgt. Für das Jahr 2003 ist die Untergrenze des jährlichen Bruttoeinkommens abzüglich der Sozialversicherungsbeiträge auf € 7.109 festgelegt worden. Bei andauernder Arbeitslosigkeit oder Behinderung kann die gesamte Schuldsumme erlassen werden.

3.5 Staatliches Modell der Vereinigten Staaten von Amerika

In den Vereinigten Staaten von Amerika (USA) werden von Staat und Privatwirtschaft Programme zur Studienfinanzierung angeboten. Der Anteil der Privatwirtschaft, vorwiegend sind es Banken, an der Studienfinanzierung wächst, jedoch ist ihr Anteil am Gesamtmarkt von € 43 Milliarden mit 10% noch gering. Studenten finanzieren sich überwiegend mit Hilfe von staatlichen Finanzierungsangeboten.[38] Die vom Department of Education[39] geförderte und beaufsichtigte SLM Corporation, auch „Sallie Mae" genannt, ist beauftragt, über die verschiedenen Finanzierungsmöglichkeiten eines Studiums kostenlos zu informieren, zu beraten und Finanzierungen zu vergeben. Die SLM bietet eine Reihe von Zuschüssen und subventionierten Darlehen für Studenten und deren Eltern an.[40]

Im Gegensatz zur Studienfinanzierung nimmt der Staat, anders als beispielsweise in Großbritannien, keinen Einfluss auf die Höhe der Studiengebühren. Diese werden von den Hochschulen selbständig erhoben. Im Wesentlichen bestimmt die Nachfrage nach dem Studiengang, Qualität von Forschung und Lehre sowie das Renommee die Höhe der Studiengebühren. So betragen die Studiengebühren an staatlichen Colleges im Durchschnitt € 3.550 und an privaten € 15.890 im akademischen Jahr 2002/2003.[41]

Grundsätzlich können sich nur finanziell bedürftige Studenten für subventionierte Finanzierungsprogramme bewerben. Dabei ist entscheidend, wie hoch die Bedürftigkeit, der sogenannte „Financial Need", ausfällt. Dieser Betrag wird ermittelt, indem von den „Cost of Attendance", dieser Betrag enthält die Studiengebühren und Lebenshaltungskosten des Studiums, die sogenannte „Expected Family Contribution", abgezogen wird. Expected Family Contribution ist definiert als der zumutbare Beitrag der Eltern zu den Cost of Attendance, unter Berücksichtigung ihres Einkommens und Vermögens. Stipendien und andere Einkünfte des Studierenden werden ebenfalls abgezogen.

Falls nach Subtraktion ein positiver Betrag übrig bleibt, ist dies der Betrag, der mit staatlichen Förderprogrammen subventioniert werden kann.[42] Hierfür steht eine Reihe verschiedener Darlehen zur Verfügung.

Financial Need = Cost of Attendance - Expected Family Contribution

[38] TIGGES, C.: Amerika, 2003, S. 15.
[39] Bildungsministerium der USA.
[40] US Department of Education: About, 2003.
[41] TIGGES, C.: Amerika, 2003, S. 15.
[42] US Department of Education: Guide, 2003/2004, S. 6f.

3.5.1 Pell Grants

Ist der errechnete Financial Need besonders hoch, so werden anstelle von Darlehen zunächst Zuschüsse, sogenannte „Pell Grants", vom Staat gewährt. Dieses Geldgeschenk kann jedes Studienjahr bis zu € 3.478[43] betragen.[44] Reicht der Zuschuss nicht aus, um den Financial Need zu decken, können subventionierte Darlehen wie beispielsweise „PLUS Loans", „Stafford Loans" und „Perkins Loans" beantragt werden.

3.5.2 PLUS Loans

PLUS Loans sind Darlehen, die Eltern zur Finanzierung des Studiums ihres Kindes beantragen können und werden vom Staat und auch von Geschäftsbanken ausgegeben.[45]
Für die Bewilligung des Darlehens muss Financial Need vorliegen. Bereits gewährte Beträge aus anderen Förderprogrammen werden davon abgezogen. Zudem muß das Credit Rating der Eltern, vergleichbar mit der Schufa[46] frei von Einträgen sein. In Ausnahmefällen, bei denen ein besonders niedriges Einkommen der Eltern festgestellt wird, werden Zinsen erst nach Abschluss des Studiums, also während der Rückzahlungsdauer berechnet. Für alle übrigen Fälle wird der Zins von Auszahlung des Darlehens an berechnet und jedes Jahr festgelegt. Die Höhe orientiert sich an der Zinsentwicklung am Kapitalmarkt, kann jedoch durch eine Kappungsgrenze 9% nicht übersteigen. Für das akademische Jahr 2002/2003 ist die Zinshöhe auf 4,86 % festgelegt.

Die Rückzahlung des Darlehens beginnt 60 Tage nach Auszahlung des letzten Darlehensbetrages. Den Eltern stehen vier verschiedene Rückzahlprogramme zur Auswahl: Beim „Standard Repayment Plan" wird eine monatlich zu zahlende Annuität für eine Dauer von bis zu 10 Jahren vereinbart. Die Variante „Extended Repayment" ermöglicht eine Rückzahldauer von 12-30 Jahren unter Inkaufnahme einer insgesamt höheren Zinslast. Auch beim „Graduated Repayment Plan" beträgt die Rückzahlungsdauer 12-30 Jahre, allerdings wird die monatliche Annuität alle zwei Jahre erhöht. Die vierte Variante ist der „Income Contingent Repayment Plan". Hier werden die monatlichen Beiträge jährlich an das Einkommen der Eltern und die Familiengröße angepasst. Rückzahlungsbeträge können jährlich bis zu einer Höhe von € 2.170 von der Einkommensteuer abgesetzt werden, etwaige Restbeträge werden generell nach 25 Jahren erlassen.

3.5.3 Subsidized Stafford Loans

Ein Subsidized Stafford Loan ist ebenfalls ein Darlehen, welches der Student selbst aufnehmen kann, wenn seinen Eltern kein PLUS Darlehen bewilligt wird und er Financial

---

[43] 1 € = 1,150 US-$, Tageskurse, in: Frankfurter Allgemeine Zeitung, 25.7.2003, S. 21.
[44] US Department of Education: Guide, 2003/2004, S. 13.
[45] US Department of Education: Guide, 2003/2004, S. 24.
[46] Eine zentrale Auskunft, die über die Bonität und Verschuldung einer Person informiert.

Need vorweisen kann, also als bedürftig eingestuft wird. Dieser Darlehenstyp wird vom Staat selbst oder von Geschäftsbanken vermittelt. Die jährliche Auszahlung erhöht sich die ersten drei akademischen Jahre (€ 2.280, € 3.130, € 5.760) und wird nur ausgezahlt, wenn es erfolgreich abgeschlossen wurde. Insgesamt können bis zu € 20.000 geliehen werden, eine Bearbeitungsgebühr in Höhe von 4 % der Kreditsumme wird einbehalten. Zinsen werden nur während der Rückzahlungsdauer berechnet und betragen für das akademische Jahr 2002/2003 4,06 %. Die maximale Zinshöhe kann 8,25 % nicht übersteigen.[47]

Zusätzlich zu diesen Beträgen kann der Studierende jedes Jahr die doppelte Darlehenssumme, also € 4.560, € 6.260 und € 11.520, aufnehmen, die insgesamt ausschöpfbare Summe ist dann auf € 40.000 begrenzt.[48] Auf die Hälfte des verdoppelten Betrages werden allerdings von Anfang an Zinsen berechnet. Die Zinshöhe wird jedes Jahr der Marktentwicklung angepasst und kann ebenfalls maximal 8,24 % betragen.

Für die Rückzahlung eines staatlichen Darlehens stehen dieselben Optionen wie bei den PLUS Loans zur Verfügung: Standard Repayment Plan, Extended Repayment Plan, Graduated Repayment Plan und Income Contingent Repayment Plan. Die Rückzahlung beginnt 6 Monate nach Abschluss des Studiums. Sind die Gläubiger Geschäftsbanken, gelten individuell ausgehandelte Konditionen. Bei Zahlungsschwierigkeiten besteht die Möglichkeit des Aufschubs, allerdings wird ein fahrlässiger Zahlungsverzug in das credit rating eingetragen. Bei langfristiger Arbeitslosigkeit oder Behinderung wird auf die Rückzahlung verzichtet.

3.5.4 Unsubsidized Stafford Loans

Für dieses Darlehen ist kein Nachweis für Financial Need notwendig. Es ist daher während der Studienzeit auch nicht zinslos und kann von jedem Studenten beantragt werden. Zinsen werden ab Auszahlung berechnet, die Zinshöhe wird wie beim Subsidized Stafford Loan berechnet, die Rückzahlungskonditionen sind denen des PLUS Loans ähnlich.

3.5.5 Perkins Loans

Perkins Loans sind Darlehen, die Studenten nicht beim Staat, sondern direkt bei ihrer Hochschule beantragen können. Für bis zu vier Studienjahre können € 3.480 jährlich geliehen werden. Der während des Studiums auflaufende Zins wird vom Staat subventioniert und ist auf 5% festgeschrieben.[49] Die Rückzahlung beginnt neun Monate nach Abschluss des Studiums und ist auf zehn Jahre ausgelegt. Bei Zahlungsschwierigkeiten kann

---

47 US Department of Education: Guide, 2003/2004, S. 18 f.
48 US Department of Education: Guide, 2003/2004, S. 18.
49 US Department of Education, Guide, 2003/2004, S. 14.

Aufschub gewährt werden, bei andauernder Arbeitslosigkeit oder Behinderung ist eine Stornierung der gesamten Schuldsumme durch die Hochschule möglich.

Neben diesem Programm bieten viele Hochschulen alternativ oder zusätzlich sogenannte Jobs-on-Campus an. Studierende, die als bedürftig eingestuft werden, bekommen bevorzugt Jobs an der Universität angeboten, beispielsweise an Lehrstühlen. Auf diesem Wege können die Studenten ihre Verschuldung verringern.

3.5.6 Consolidation Loans

Während des Studiums haben die meisten Studenten mehrere Darlehen in Anspruch genommen, die sie nach dem Studium zurückzahlen müssen. Mehrere Tilgungspläne verschlechtern die Transparenz der persönlichen Liquidität und können zur Zahlungsunfähigkeit führen. Aus diesem Grund werden vom Staat Consolidation Loans angeboten. Sie bieten die Möglichkeit, alle Darlehen in ein Einzeldarlehen umzuschulden.[50]

3.6 Modell des Fonds-Anbieters MyRichUncle

MyRichUncle ist ein Unternehmen, das 1999 von zwei Studenten in den USA gegründet wurde. Mitentscheidend für die Geschäftsidee war, dass deren Eltern wenig oder gar keine finanzielle Unterstützung für das Studium leisten konnten. Daher mussten beide Studenten ihr Studium mit Stipendien, Krediten und insbesondere mit zeitintensiven Nebenjobs finanzieren. Aus diesen Umständen ist das Unternehmen MyRichUncle entstanden.[51]

MyRichUncle ist eine Modellalternative, beziehungsweise Ergänzung zu den existierenden staatlichen Programmen, indem anstatt Darlehen Gelder aus einem Private-Equity Fonds als Studienfinanzierung angeboten werden. Geldgeber leihen also kein Geld, sondern investieren in das Humankapital des Fonds. Der Idee eines Fonds entsprechend, entsteht die Rendite nicht durch die Erhebung eines Zinses, sondern durch die Beteiligung an den Gewinnen des Humankapitals, also durch eine Beteiligung am Einkommen der geförderten Studenten nach deren Berufseinstieg.

Für die Bewilligung ist nicht wie bei anderen Modellen die finanzielle Bedürftigkeit, sondern die Leistungsfähigkeit des Studenten entscheidend. Bei der Bewerbung müssen Immatrikulation, Name der Hochschule, Studienfach und verschiedene Leistungsnachweise, beispielsweise High School Zeugnisse und GMAT[52] eingereicht werden. Auf deren Basis berechnet MyRichUncle die Höhe des Förderbetrages und Rückzahlungskonditionen. Die bei dieser Einstufung ermittelte Investitionssumme wird nach Vertragsabschluß

---

[50] US Department of Education: Guide, 2003/2004, S. 27f.

[51] My Rich Uncle: Education, www.myrichuncle.com/Vision.asp, 29. Juli 2003.

[52] GMAT (Graduate Management Admission Test) ist der Standard Zulassungstest US-amerikanischer Hochschulen.

nicht an den Studierenden, sondern direkt an die Universität zur Begleichung der Studiengebühren und weiterer Kosten des Studiums überwiesen. Um die administrativen Kosten des Fonds abzudecken, werden von MyRichUnlce 2,5% bei Auszahlung einbehalten.[53]

Da der Förderbetrag kein Kredit, sondern eine Investition ist, gibt es nach dem Studium keine Rückzahlung einer festgelegten Summe. Vielmehr beteiligt sich MyRichUncle am späteren beruflichen Erfolg des Geförderten. Für jede € 870, die der Studierende als Investitionssumme während des Studiums in Anspruch nimmt, verpflichtet er sich, 0,25% seines Bruttojahresgehaltes 10 Jahre lang nach dem Studium an MyRichUncle zu zahlen. Ein Rechenbeispiel soll die Investitionsrechnung verdeutlichen: Bei einem Investment von beispielsweise € 43.500 müssten 12,5%, also 0,25 x 50, von einem Einstiegsgehalt von brutto € 40.000 pro Jahr, also € 5.000, an den Fonds gezahlt werden. Unter der Annahme, dass das Einkommen jedes Jahr um 8% steigt, ergeben sich folgende Zahlungsströme.

Tabelle 1:
Zahlungsströme

Jahr	€ Bruttoeinkommen	€ Zahlung an MRU	
1	40.000		5.000
2	43.200		5.400
3	46.656		5.832
4	50.388		6.299
5	54.420		6.802
6	58.773		7.347
7	63.475		7.934
8	68.553		8.569
9	74.037		9.255
10	79.960		9.995
		Summe	72.433
		Barwert	49.190

(Quelle: Eigene Berechnung, 2003).

Die Rendite von MyRichUncle in diesem Beispiel beträgt bei einem Barwertzins von 5% abgezinst € 49.190 das sind gerundet 13%.

Offiziell benennt MyRichUncle nur einen Investor, der Geld für den Humankapitalfonds zur Verfügung gestellt hat. Dieser Investor ist Unternehmer aus dem Silicon Valley

[53] My Rich Uncle: Rates, www.myrichuncle.com/rates.asp, 28. Juli 2003.

in Kalifornien und hat die Investitionssumme zweckgebunden MyRichUncle zur Verfügung gestellt. Demnach dürfen mit dem Geld nur Studenten der Universität gefördert werden, die bereits der Investor als Student besuchte. Weitere Investoren für den Humankapitalfonds sind nicht bekannt, die Zahl der Geförderten ist demnach gering.

3.7 Modell Studienkonten

Ein von den vorgestellten Modellen abseits stehendes Konzept ist das der Studienkonten, welches in einzelnen Bundesländern als Altnernative zu Studiengebühren diskutiert wird. Als Novum werden in diesen Vorschlägen Bildungsgutscheine als eine Art „Währung" eingeführt. Laut einer Variante, die die Senatsverwaltung des Landes Berlin in Auftrag gegeben hat, soll jeder Studierende am Anfang seines Studiums ein mit Credits aufgeladenes Studienkonto zur Verfügung gestellt bekommen. Das „Startguthaben" ist für die Absolvierung eines kompletten Studienganges dimensioniert, zuzüglich einer Reserve an Credits für zusätzliche Seminare oder zu wiederholende Prüfungen. Durch die Teilnahme an Seminaren, beziehungsweise Vorlesungen werden die Credits aufgezehrt. Für jede Abbuchung vom Studienkonto bekommt die betreffende Hochschule vom Bund, beziehungsweise Bundesland einen Geldbetrag für das Hochschulbudget überwiesen. Der Geldbetrag soll gemäß der Kostenintensität des jeweiligen Studienganges gewichtet werden. Demnach würde beispielsweise eine geisteswissenschaftliche Fakultät weniger Geld für die gleiche Summe an Credits erhalten als eine medizinische Fakultät.

Dieser Ansatz verzichtet auf Studiengebühren und damit auf eine finanzielle Beteiligung der Studierenden. Auf die starken Anreizwirkungen auf Seiten der Studenten, die mit der Einführung von Studiengebühren genutzt werden könnten, wird verzichtet. Beispielsweise wird die Anzahl derer, die ohne ernste Absichten studieren oder jener, die sich immatrikulieren, um die zahlreichen monetären Vergünstigungen zu erhalten, im Gegensatz zu den Studiengebühren-Modellen wahrscheinlich kaum oder gar nicht gesenkt. Andererseits dürfte die Hemmschwelle, ein Studium aufzunehmen, hier niedriger ausfallen. Der Studierende trägt in diesem Fall kein finanzielles Risiko, es fällt wieder dem Staat und damit der (steuerzahlenden) Gesellschaft zu.

Die Hochschulen, als zweite Gruppe im Modell, werden gemäß der Anzahl der bei ihnen eingelösten Credits bezahlt. Der Wettbewerb mit anderen Hochschulen wird dadurch gefördert. Allerdings besteht der Anreiz, möglichst viele Studierende in den Studiengang aufzunehmen, um das Budget zu maximieren, wodurch eine Tendenz zur Massenuniversität entsteht. Zudem könnte die zuvor erwähnte Reserve an Credits ein Anreiz sein, die Studierenden länger als notwendig an die Universität zu binden, was der angestrebten Verkürzung der Studiendauer entgegenwirkt. Es wird lediglich Quantität belohnt, der Faktor Qualität oder Studiendauer kommt bei der Verteilung der Mittel nicht oder nur abgeschwächt vor. Die Mehrheit der Befürworter einer Hochschulreform favorisiert aus diesen Gründen das Studiengebührenmodell, weil man sich von diesem, auch mit Blick auf bewährte Konzepte anderer Länder, wirksamere Anreizstrukturen verspricht und eine finanzielle Beteiligung der Studierenden an den Kosten des Studiums.

Die wesentlichen Merkmale der erläuterten Modelle sollen mit der nachstehenden Tabelle noch einmal verdeutlicht werden.

Tabelle 2: Übersicht über die Modelle

Modell	Merkmale
UWH	- Freie Wahl der Finanzierung: nicht/halb/voll - Keine Verzinsung der Finanzierungssumme - Einkommensabhängige, nachlaufende Rückzahlung - Umgekehrter Generationenvertrag - Zahlungsausfälle abgefedert durch Umverteilungsfunktion
WHU	- Freiplätze, Klassischer Bankkredit, steht jedem zur Verfügung - Verzinsung der Finanzierungssumme von Anfang an - Nicht einkommensabhängige, nachlaufende Rückzahlung - Keine Umverteilungsfunktion, Überschuldungsgefahr
Dräger	- Klassisches Darlehen, steht jedem Studenten zur Verfügung - Subventionierte Verzinsung der Finanzierungssumme von Anfang an - Einkommensabhängige, nachlaufende Rückzahlung - Keine Umverteilungsfunktion, Staat trägt Zahlungsausfälle - Keine Rückzahlung bei Unterschreiten eines Mindesteinkommens
GB	- Staatliches Darlehen, seht jedem Studenten zur Verfügung - Förderhöhe und Studiengebühren nach Bedürftigkeit - Subventionierte Verzinsung der Finanzierungssumme von Anfang an - Nicht einkommensabhängige, nachlaufende Rückzahlung - Keine Rückzahlung bei Unterschreiten eines Mindesteinkommens
USA	- Zuschüsse nur an Bedürftige - Subventionierte Darlehen nur an Bedürftige - Nicht subventionierte Darlehen an Alle - Flexible Rückzahlungsvarianten - Keine Rückzahlung bei Unterschreiten eines Mindesteinkommens
MRU	- Investitionsbeträge mit Renditekalkül ähnlich Kapitalmarkttheorie - Bewilligung nur bei mindestens durchschnittlicher Leistungsfähigkeit - Einkommensabhängige Rückzahlung
Studienkonten	- Creditkonto wird jedem Studenten kostenlos zur Verfügung gestellt - Keine Berücksichtigung der Bedürftigkeit - Creditkonto wird ausreichend ausgestattet für Regelstudienzeit - Keine Kostenbeteiligung der Studenten, daher keine Rückzahlung bei Studiendauer innerhalb der Regelstudienzeit bzw. Erststudium

(Quelle: Eigene Darstellung, 2003).

4 Konzeption des Modells

Nachdem die Modelle verschiedener Staaten und Hochschulen vorgestellt wurden, sollen aus ihnen Komponenten ausgewählt werden, die für das in dieser Arbeit zu entwickelnde Modell zur Finanzierung von Studiengebühren geeignet erscheinen. Um die Komponenten bewerten zu können, muss jedoch zunächst ein Bewertungsmaßstab definiert werden. Dieser wird im Folgenden aus ordnungspolitischen Anforderungen, konkreten Zielgrößen und den Interessen der betroffenen Gruppen gebildet. Anschließend erfolgt die Konzeption des Finanzierungsmodells.

4.1 Ordnungspolitische Anforderungen an das Modell

Im Kapitel 2 wurde die wachsende Bedeutung des Hochschulsektors für die Volkswirtschaft erläutert: Der Wandel von einer Industriegesellschaft zu einer Wissensgesellschaft bedeutet den Wechsel von Güterproduktion zur Produktion von Wissen und Know-How. In den vergangenen 30 Jahren hat sich der wertmäßige Anteil von Gütern der Hoch- und Spitzentechnologie am Welthandel von 32% auf 53% ausgeweitet.[54] Die Produktion von Innovationen und technischem Fortschritt erfordert zunehmend fachliche Qualifikationen, die hauptsächlich von Hochschulen vermittelt werden. Aus diesem Grunde kommt ihnen im Rahmen der Bildungsexpansion eine immer bedeutendere Rolle zu. Die Quantität und Qualität von Hochschulabsolventen ist damit in zunehmendem Maße entscheidend für die Position der deutschen Volkswirtschaft im internationalen Wettbewerb.[55] In diesem Zusammenhang ist es eine Aufgabe der deutschen Bildungspolitik, einen Rahmen zu schaffen, der diese Entwicklung fördert.

Neben der bildungspolitischen Dimension sind bei der Einführung von Studiengebühren drei weitere ordnungspolitische Dimensionen mit einzubeziehen: Die Einführung von Studiengebühren muss sozialpolitisch akzeptabel sein. Studiengebühren führen zunächst zu einer finanziellen Belastung der Studierenden und können damit zu einem Abschreckungseffekt besonders bei jenen führen, die aus sozial- oder einkommensschwachen Gesellschaftsschichten stammen. Dies würde mit dem Ziel der Chancengleichheit beim Zugang zur Bildung, ein Ziel mit hohem politischem und sozialem Stellenwert, nicht vereinbar sein. Bei der Konzeption des Modells sind daher Abschreckungseffekte dieser Art zu vermeiden.

Hochschulpolitisch sind Studiengebühren lediglich ein Teil einer umfassenden Reform, in der Hochschulen beispielsweise eine transparente Mittelverwendung vorzuweisen haben, aus der hervorgeht, wofür die Studiengebühren verwendet werden. Für die nachhaltige Akzeptanz eines Studiengebührensystems ist zu gewährleisten, dass die Mittel zur Verbesserung der Qualität von Forschung und Lehre eingesetzt werden und nicht

[54] Deutsche Bundesbank: Wissensproduktion, 1999, S. 42-43.
[55] OECD: The well being of nations, 2001, S. 29-35.

Anlass sind, öffentliche Zuwendungen in gleichem Umfang zu kürzen, was im Endergebnis einem Nullsummenspiel gleichkommen würde.

Außerdem ist das Finanzierungsmodell von Studiengebühren mit finanzpolitischen Kriterien abzustimmen. Besonders dieser Aspekt wird bis dato kaum von vorliegenden Studiengebührenmodellen berücksichtigt. Dies ist jedoch besonders in Bezug auf die Lage des Bundeshaushalts im Jahr 2003 für die politische Umsetzbarkeit notwendig und wird deshalb bei den folgenden Überlegungen integriert.

Somit muss das Modell Anforderungen von vier ordnungspolitischen Dimensionen genügen: bildungs-, sozial-, hochschul- und finanzpolitisch. Darüber hinaus werden im folgenden Kapitel drei konkrete Zielgrößen für die Konzeption des Modells definiert: Akademikerquote, Qualität der Hochschulabschlüsse und durchschnittliche Dauer des Studiums.

4.2 Zielgrößen des Modells

4.2.1 Akademikerquote

Die Akademikerquote gibt Information darüber, wie hoch der Anteil der Akademiker an der Gesamtzahl der Erwerbstätigen ist. Sie wird im wesentlichen durch die Zahl der Studienanfänger und die Zahl der Studienabbrecher beeinflusst. Bei diesem rein quantitativen Maßstab schneidet Deutschland unterdurchschnittlich ab. Die Quote liegt mit 25% unter der von technologisch und wirtschaftlich starken Nationen wie beispielsweise Finnland (33%) und den USA (37%).[56] Mindestens muss die Wirkung des Finanzierungsmodells auf die Akademikerquote daher neutral sein, optimal ist ein positiver Einfluss auf die Akademikerquote.

4.2.2 Qualität der Hochschulabschlüsse

Für eine bessere Position im internationalen Wettbewerb, auf wissenschaftlicher wie auch auf ökonomischer Ebene, ist nicht nur die Akademikerquote einer Volkswirtschaft wichtig, sondern gleichzeitig auch die Qualität der Studienabschlüsse. Sie hat ebenfalls wesentlichen Einfluss auf die Leistungsfähigkeit des Wissens- und Technologiesektors, ein Zusammenhang, auf den bereits in Kapitel 2.2 hingewiesen wurde. Ein besseres Betreuungsverhältnis und bessere Sachmittelausstattung der Hochschulen sind hierfür wichtig. Das Betreuungsverhältnis ermöglicht eine Aussage darüber, in wie weit eine intensive, individuelle Ausbildung der Studierenden durch Dozenten möglich ist. Der Umfang der Sachmittelausstattung, beispielsweise Ausstattung der Bibliothek, verfügbare For-

[56] EU-Kommission: Bildungsstruktur, 2002, S. 21.

schungsmittel, Aktualität von Soft- und Hardware, beeinflusst den Spielraum von Dozenten und Studierenden in der Lehre und in der Forschung. Zum einen sollten Studiengebühren daher Hochschulen zusätzlich zu vorhandenen Mitteln zufließen, zum anderen sollte der Zufluss an die Qualität von Forschung und Lehre der jeweiligen Hochschule gekoppelt sein.

Das Niveau der Hochschulabsolventen ist jedoch nicht nur abhängig von der Qualität der Studiengänge der Hochschulen, sondern auch von der Leistungsfähigkeit der Studierenden selbst. Daher ist die gezielte Auswahl der Studienbewerber nach Kriterien der Leistungsfähigkeit und nicht nach Kriterien der Zahlungsfähigkeit wichtig. Das Finanzierungsmodell muss daher die Studenten so ausstatten, dass die Frage der Finanzierung der Studiengebühren keine Frage mehr ist.

4.2.3 Durchschnittliche Dauer des Studiums

Die durchschnittliche Dauer eines Studiums ist ein weiteres Kriterium, weil sie Auswirkungen auf die Belastung der Kapazitäten der Hochschulen und die volkwirtschaftlich relevante Lebensarbeitszeit der Absolventen hat. Im internationalen Vergleich ist dieser Mittelwert in Deutschland mit knapp über 6 Jahren deutlich überdurchschnittlich. In Großbritannien beträgt die Studiendauer im Durchschnitt 3½ Jahre, in Kanada 2½ Jahre.[57] Dieses Ergebnis bleibt in seiner Tendenz auch bestehen, wenn berücksichtigt wird, dass ein deutscher Diplom-Studiengang insgesamt aufwendiger ist als ein Bachelor-Studiengang. Das Modell sollte daher bei Studenten wie Hochschulen Anreize auslösen, die eine Verkürzung der Studiendauer fördern.

Mit der Definition der ordnungspolitischen Anforderungen und der Zielgrößen sind jedoch nicht alle notwendigen Anforderungen berücksichtigt. Zusätzlich sind die Interessen der betroffenen Gruppen in die Modellkonzeption mit einzubeziehen. Folgend wird beschrieben, warum dies wichtig ist: Direktive Eingriffe wie Gesetze und Verordnungen können auf der Seite der Betroffenen Reaktionen im Handeln hervorrufen, die das ursprünglich intendierte Ziel der Ordnungspolitik konterkarieren. Jedem Eingriff folgt demnach eine nicht ohne weiteres antizipierbare Reaktion. Aus diesem Grund wird von einigen Wissenschaftlern von einer Paradoxie der Steuerbarkeit gesprochen. Dieses Phänomen kann mit Hilfe eines Ansatzes der Systemtheorie beschrieben werden, der im Folgenden in einem Exkurs vorgestellt wird.

4.2.4 Exkurs: Die Paradoxie der Steuerbarkeit

In der Systemtheorie sind Systeme als nicht autark aber autonom definiert. Autonom bedeutet hier, dass das Individuum auch bei Einflussnahme von außen letztendlich selbstgesteuert bleibt, aber aufgrund der nicht absoluten Autarkie sein Verhalten ändert. Die

[57] McKinsey & Company: Bildung, 2002, S. 33-35.

Verhaltensänderung ist dabei nicht eindeutig vorauszusehen, ein klarer Zusammenhang zwischen Ursache und Wirkung nicht feststellbar. Die Erkenntnis dabei ist, dass durch direktive Eingriffe ein Einfluss auf Systeme, beziehungsweise Individuen, beobachtbar ist, die Wirkungsrichtung jedoch ungewiss bleibt. Man kann also gleichzeitig von einer Steuerbarkeit und Nicht-Steuerbarkeit von Systemen sprechen.[58]

Um diese Problematik zu entschärfen, ist mit dem Modell ein Rahmen zu setzen, innerhalb dessen die Interessen der betroffenen Gruppen integriert werden. Die Berücksichtigung der Interessen und Verhaltensmuster erhöht die Wahrscheinlichkeit, dass die Zielgrößen erreicht werden. Die hauptsächlich zu berücksichtigenden Gruppen sind Studierende, Eltern und Hochschulen. Im folgenden wird versucht, die jeweilige Interessenlage jeder Gruppe zu erfassen.

Für die Gruppe der Studierenden ist zu vermuten, dass der überwiegende Teil der Studierenden weiterhin ohne die Mehrbelastung durch Studiengebühren und weiterhin unter Inanspruchnahme von Zuschüssen und Vergünstigungen studieren will. Wichtigstes Ziel des Studiums ist, das später erzielbare Einkommen, beziehungsweise die Reputation bei einer wissenschaftlichen Karriere, zu maximieren. Dies impliziert auf Seite der Hochschule ein optimales Betreuungsverhältnis in Grund- und Hauptstudium, Verkürzung der Studiendauer, hohe Qualität von Lehre und Forschung, technisch moderne Ausstattung und internationale Ausrichtung.

Eltern fühlen sich kulturbedingt einerseits mitverantwortlich für die Ausbildung ihrer Kinder und neben der gesetzlichen Unterhaltspflicht moralisch verpflichtet, diese zu finanzieren. Mikroökonomisch sind sie andererseits an einer möglichst niedrigen finanziellen Beteiligung an den Kosten des Studiums ihrer Kinder interessiert, um ihr Budget beispielsweise für Konsum oder für die private Altersvorsorge zu verwenden. Hier liegt ein Interessenkonflikt vor, der sich durch die stetig sinkende Leistungsfähigkeit der staatlichen Rente und des Gesundheitssystems weiter verschärft. Diese Entwicklung ist in das Finanzierungsmodell zu integrieren.

Institutionenökonomisch streben Hochschulen die Maximierung ihres Budgets und Machteinflusses an. Studiengebühren werden deshalb von ihrer Seite positiv bewertet. Inhalte von Lehre und Forschung sowie Mitteleinnahme und Mittelverwendung wollen Hochschulen möglichst weisungsungebunden bestimmen. Das derzeitige Hochschulrahmengesetz und die Zuteilung öffentlicher Mittel durch die Landesregierungen lassen dies kaum zu. Die eigenverantwortliche Festlegung der Höhe von Studiengebühren ermöglicht den Hochschulen mehr finanziellen Spielraum und die Möglichkeit, Preissignale in einen entstehenden Markt für Hochschulbindung zu senden.

---

[58] LUHMANN, N.: Systemtheorie, 2002, S. 68.

4.3 Auswahl der Modellkomponenten

Verschiedene Anforderungen an das Modell sind in den vorangegangenen Kapiteln festgelegt worden: ordnungspolitische Anforderungen, konkrete Zielgrößen, spezifische Interessen der betroffenen Gruppen. Damit liegt ein erfolgversprechender Maßstab für die Konzeption des Modells vor. In diesem Kapitel werden nun verschiedene Komponenten auf ihre Eignung für das Finanzierungsmodell untersucht. Zunächst folgt eine tabellarische Gegenüberstellung konkurrierender Komponenten.

Tabelle 3: Gegenüberstellung möglicher Komponenten für das Modell:

Kapitel	Variante	versus	Variante
4.4.1	Staatliches Monopol des Finanzierungsangebotes	⟺	Privatwirtschaftliche Lösung des Finanzierungsangebotes
4.4.2	Finanzierung durch Zuschüsse	⟺	Finanzierung durch Darlehen
4.4.3	Angebot an alle Studenten	⟺	Beschränkung auf bedürftige Studenten
4.4.4	Augleich der Zahlungsausfälle durch Staat oder Eltern	⟺	Ausgleich der Zahlungsausfälle durch Kommilitonen
4.4.5	Pauschale Auszahlung nach Immatrikulation	⟺	Verknüpfung der Auszahlung an Bedingungen
4.4.6	Zinsfreie Gewährung des Darlehens	⟺	Berechnung von Zinsen auf das gewährte Darlehen
4.4.7	Einkommensabhängige Rückzahlung des Darlehens	⟺	Rückzahlung lediglich in Höhe des Darlehens
4.4.8	Abzug von Stipendien von der Förderhöhe	⟺	Stipendien beeinflussen die Förderhöhe nicht
4.4.9	Privatwirtschaftliche Rückzahlungskonditionen	⟺	Sozialverträgliche Rückzahlungskonditionen
4.4.10	Begrenzung der Rückzahlungsdauer	⟺	Zinsen werden erst nach Beendigung des Studiums berechnet
4.4.11	Eigenständigkeit des Finanzierungsmodells	⟺	Integration des Modells in ein existierendes Finanzierungskonzept

(Quelle: eigene Darstellung, 2003).

4.4 Untersuchung der Komponenten

Die gegenübergestellten Komponenten werden in Reihenfolge der Tabelle 2 untersucht und jeweils die optimale Komponente für das Finanzierungsmodell ausgewählt.

4.4.1 Angebot der Finanzierung von Staat oder Privatwirtschaft?

In Deutschland engagiert sich der Staat in vielen volkswirtschaftlichen Bereichen, die in anderen Staaten durch die Privatwirtschaft ausgefüllt werden. So beträgt im Jahr 2000 die Staatsquote, das sind die Staatsausgaben in Prozent des BIP, in Deutschland 47,2%, in den Niederlanden 45%, in Großbritannien 39,1% und in den nur USA 29,5%.[59] In Deutschland wird deshalb von einer Überpräsenz des Staates, auch „Paternalismus" genannt, gesprochen.[60] In diesem Zusammenhang stellt sich die Frage, ob der Staat die Aufgabe der Finanzierung von Studiengebühren übernehmen sollte. In welchen Bereichen und in welchem Ausmaß ist eine Einflussnahme des Staates sinnvoll? Die Ambivalenz zwischen Eingriff und Laissez-Faire beschreibt James Buchanan in seinem Werk „Die Grenzen der Freiheit: zwischen Anarchie und Leviathan". [61] Mit dem sogenannten „individualistic approach" stellt er die Hypothese auf, dass alle beteiligten Akteure und insbesondere der Staat, ihre Entscheidungen dem Eigennutz unterwerfen. Es wird zum Beispiel unterstellt, dass der Staat seinen Haushalt nicht konsolidiert, beziehungsweise die Staatsausgaben permanent erhöht. Buchanan widerspricht damit klar dem Ansatz der traditionellen Finanzwissenschaft, nach der der Staat stets im Interesse seiner Bürger handelt, im Sinne eines „gutmütigen Diktators". Empirisch scheint Buchanans Ansatz der Realität nahe zu kommen: Trotz Einführung eines Sanktionsmechanismus, des „Maastrichter Konvergenzkriteriums", gemäß dem die jährliche Neuverschuldung eines EU-Mitgliedstaates 3% Prozent des Bruttoinlandsprodukts nicht übersteigen darf, ist die Haushaltspolitik der Bundesregierung nach wie vor expansiv. Seit dem Jahr 2002 liegt der Bundeshaushalt über diesem Wert, im aktuellen Jahr 2003 sind es 3,9%, auch 2004 wird dieser Wert voraussichtlich überschritten.[62] Mit dieser Haushaltspolitik können Leistungen des Staates an die Wähler, beispielsweise Sozialleistungen und Subventionen, auf ihrem Niveau belassen und damit Wählerstimmen gehalten oder sogar gewonnen werden. Unter dieser sogenannten Wiederwahlprämisse trifft die Bundesregierung ihre Entscheidungen so, dass ihre Wiederwahl wahrscheinlicher wird. Nach Buchanans Theorie sind die Entscheidungen der Regierung damit rational, sie sind es jedoch nicht im Sinne einer volkswirtschaftlich nachhaltigen Wohlstandspolitik. Im letztgenannten Sinn stellt sich daher die Frage, ob der Staat Träger von Finanzierungsangeboten für Studiengebühren sein sollte, denn Finanzierungsangebote im Bildungsbereich sind ausgabewirksam: Seit über 30 Jahren werden vom deutschen Staat über das BAföG Gelder an Studenten gewährt. Im Jahr 2002

---

[59] Institut der deutschen Wirtschaft: Deutschland, S. 127.

[60] FUCHS, H.W./REUTER, L. R.: Bildungspolitik, S. 101-102.

[61] BUCHANAN. J.: Leviathan, 1984, S. 22.

[62] Bundesfinanzministerium: Konjunkturgerechte Finanzpolitik, 2003.

betrug die Summe € 1,35 Milliarden, die Hälfte davon in Form von Zuschüssen, Rückzahlungsausfälle nicht einberechnet.[63] Ein weiteres Argument gegen ein staatliches Finanzierungsangebot liegt in der Tatsache, dass privatwirtschaftliche Lösungen von Problemfeldern tendenziell effizienter und flexibler sind, weil sie unter Bedingungen des Wettbewerbs entstehen. Diesen Argumenten folgend, sind Angebote zur Finanzierung von Studiengebühren der Privatwirtschaft zu überlassen.

Damit ist allerdings nicht geklärt, ob ein aus Marktprozessen entstehendes Finanzierungsangebot den in Kapitel 4.1 erläuterten ordnungspolitischen Anforderungen genügen würde. Analog privatwirtschaftlicher Finanzierungsangebote in anderen Staaten, würden diese überwiegend in Form von klassischen Bankdarlehen oder Humankapitalsfonds (vgl. MyRichUncle) angeboten werden. Beide Finanzierungsformen haben gemeinsam, dass ihre Konditionen vom Risiko/Rendite-Verhältnis abhängen. Im Falle eines Bildungsdarlehens ergäbe sich deshalb ein relativ hoher Zins zur Abgeltung des Gläubigerrisikos. In den USA beträgt der marktübliche Zins für Bildungsdarlehen circa 7,5%.[64] Privatwirtschaftliche Anbieter handeln also renditeorientiert und nicht versorgungsorientiert im Sinne einer vollkommenen Befriedigung der Nachfrage nach der Finanzierung von Studiengebühren in Verbindung mit sozialverträglichen Konditionen. Dies widerspricht bildungs- und sozialpolitischen Anforderungen: Die Akademikerquote droht mangels ausreichender Angebote zur Finanzierung von Studiengebühren zu sinken. Gleichzeitig besteht keine Chancengleichheit beim Hochschulzugang mehr, weil die Aufnahme des Studiums dann eine Frage des Geldes wird. Eine Übereinstimmung des privatwirtschaftlichen Angebotes mit den Erfordernissen einer langfristig stabilen und attraktiven Finanzierung von Studiengebühren wäre aufgrund der unterschiedlichen Zielsetzungen von Staat und Privatwirtschaft eher zufällig und kaum von Bestand. Mit Hinsicht auf die definierten Anforderungen und Zielgrößen scheidet eine rein privatwirtschaftliche Lösung damit aus. Es bleibt damit primär eine Aufgabe des Staates, Bildungsfinanzierung zu betreiben.

Allerdings ist eine Monopolstellung des Staates auf dem Markt Bildungsfinanzierung aus den genannten Gründen, beispielsweise der Effizienz nicht ideal. Ein zusätzlicher Rahmen, in dem Banken ebenfalls teilsubventionierte Kredite und Humankapitalfonds anbieten können, ist eine denkbare Hybridlösung. Der Staat hätte dadurch nur noch ein abgeschwächtes Monopol bei der Finanzierung der Studiengebühren, Versorgungsangebot und -qualität dürften insgesamt steigen. Ein positiver Nebeneffekt wäre, dass von privatwirtschaftlichen Lösungen erfahrungsgemäß Innovationen ausgehen können, die eine stetige Weiterentwicklung der Bildungsfinanzierung fördern. Dem Staat kommt also die Aufgabe zu, zum einen den überwiegenden Teil Finanzierungsangebote für Studiengebühren anzubieten und zum anderen mit Gesetzen einen Rahmen zu schaffen, der Banken und Fonds einen attraktiven Markt für Bildungsfinanzierung bietet.

---

[63] Statistisches Bundesamt, BAföG 2002, S. 1.

[64] PNC: Rates, 2003, o.S.

4.4.2 Unterstützung durch Zuschüsse oder Darlehen?

Im vorigen Kapitel wurde der Staat als Hauptträger des Finanzierungsmodells identifiziert. In diesem Kapitel wird die Finanzierungsform des Modells ermittelt, weil sie alle weiteren zu bestimmenden Modellmerkmale beeinflusst. Grundsätzlich werden nicht rückzahlbare und rückzahlbare Geldleistungen unterschieden. Studierende präferieren Zuschüsse gegenüber Darlehen, weil sie dadurch finanziell bessergestellt würden. Auch bezogen auf die Zielgröße „Akademikerquote", wären Zuschüsse zu bevorzugen, da das Studium, abgesehen vom entgangenen Gehalt als Opportunitätskosten, „gratis" wäre. Mehr junge Menschen würden sich für ein Studium anstatt einer sofortigen Berufstätigkeit entscheiden, weniger Studierende würden ihr Studium wegen Geldmangels abbrechen müssen. Bei einer weitgehenden Übernahme der Studiengebühren würde die Akademikerquote also steigen.

Dagegen ist es aus der Perspektive des Staates fiskalisch am sinnvollsten, ausschließlich Darlehen anzubieten, weil das Modell durch die Rückzahlungsleistungen relativ budgetneutral wäre. Zwar fallen administrative Kosten für den in der Regel über Jahre dauernden Rückzahlungszeitraum an - Banken berechnen beispielsweise für traditionelle Darlehen im Durchschnitt 1,5% der Kreditsumme als Bearbeitungsgebühr[65] -; trotzdem dürften die Ausgaben im Vergleich zu Zuschüssen wesentlich geringer sein. Die finanzielle Belastung des Staates dürfte bei einer reinen Zuschussfinanzierung prohibitiv hoch sein: Bei Studiengebühren in Höhe von € 2.000 jährlich, ein Mittelwert aus verschiedenen Vorschlägen zum Thema Studiengebühren[66] und einer Anzahl von Geförderten die der Zahl der Studierenden von 1.940.000 im Jahre 2002[67] entspricht, ergibt sich jährlich eine zusätzliche Belastung des Bundeshaushaltes in Höhe von € 3,88 Milliarden. Senkt man die Quote Geförderten auf die Quote der BAföG-Empfänger von 23,3%[68] ab, so beträgt die jährlich zusätzliche Belastung des Bundeshaushaltes € 904.000 Millionen.

Zudem sind die Auswirkungen mit dem Ziel, die Effizienz im Hochschulsystem zu erhöhen, nicht vereinbar. Für Studenten würde beispielsweise kaum Anreiz bestehen, die ihnen zur Verfügung gestellten Mittel im Sinne des intendierten Zweckes zu verwenden: ernsthafte Studienabsichten, Senkung der Studiendauer und weniger Wechsel des Studienfaches. Ebenfalls würde der beabsichtigte Paradigmenwechsel, das Studium als eine Investition in die eigene Zukunft anzusehen, mit Zuschüssen kaum erreichbar sein. Eine reine Zuschussfinanzierung scheidet damit für das Modell aus.

Darlehen hingegen induzieren bei Studierenden aus der Sicht des Staates eine Reihe von zielgrößenkonformen Anreizen, weil mit der Belegung eines Studienplatzes die Verbindlichkeiten steigen. Die Zahl derjenigen, die „so zum Spaß studieren", mangels Alter-

---

[65] Vereins- und Westbank AG: Regelsätze, 2003, S. 2.

[66] Vgl. GRÜSKE, K.-D.: Studiengebühren, S. 108, 2003. Vgl. auch DRÄGER, J.: Bildungsdarlehen statt BAföG, 2003, S. 24.

[67] Statistisches Bundesamt: Studierende, 2003, o.S.

[68] Statistisches Bundesamt: BAföG 2002, 2003, o.S.

nativen ein Studium beginnen und damit einen Studienplatz belegen, zahlreiche Vergünstigungen in Anspruch nehmen, beispielsweise niedrige Krankenversicherungsbeiträge oder ÖPNV Tarife, dürfte sinken. Die gleiche Entwicklung ist auch für die durchschnittliche Studiendauer zu erwarten. Die Wahl des Studienfaches würde sich ebenfalls mit Hinblick auf die berufliche Perspektive und voraussichtliche Einkommenshöhe verschieben: Wahrscheinlich würden tendenziell Studienfächer gewählt werden, die später ein Einkommen ermöglichen, bei dem die Rückzahlungssumme des Darlehens den Lebensstandard weniger belastet. Neben diesen Entwicklungen auf mikroökonomischer Ebene, sind auch auf makroökonomischer Ebene Vorteile zu erwarten: geringere Belastung der Sozialversicherung aufgrund weniger arbeitsloser Akademiker sowie höhere Einnahmen aus Einkommensteuer und, induziert durch höheren Konsum, ein höheres Aufkommen aus Mehrwertsteuer.

Hochschulen müssten, beeinflusst von den Präferenzen der Studierenden bei der Wahl der Hochschule, Studiengänge anbieten, die ein schnelles, inhaltsreiches Studium ermöglichen, einen „guten Ruf" haben (Stichwort Hochschulranking) und damit den Studierenden gute Berufsperspektiven eröffnen. Konkret wäre das mit weniger überfüllten Hörsälen, weniger Wartezeiten bei der Seminarbelegung und Prüfungsterminen, einer direkteren Betreuung des Studierenden sowie einer hochwertigeren Sachmittelausstattung verbunden. Darlehen würden damit auch eine Reihe von positiven Entwicklungen an den Hochschulen unterstützen.

Typische Vorteile von Zuschüssen könnten trotzdem in das Modell integriert werden. Eine mögliche Form des Zuschusses wäre, jeden Absolventen und Studienabbrecher bei Unterschreiten einer bestimmten Höhe des Nettoeinkommens von der Rückzahlung des in Anspruch genommenen Darlehens ganz oder teilweise zu befreien. Damit könnte die Gefahr, dass Studierwillige, die aus Angst vor einem Schuldenberg kein Studium aufnehmen, verringert werden. Dies würde die Zahl der Studienanfänger und -abbrecher und damit letztendlich auch die Akademikerquote positiv beeinflussen. Eine weitere Zuschussart wäre, für besondere Studienleistungen Teile der Darlehenssumme zu erlassen. Bezogen auf die Zielgröße „Qualität der Hochschulabsolventen", wäre dies ein Anreiz für Studierende, durch mehr Einsatz im Studium höhere berufliche Qualifikation zu erreichen. Beispielsweise wäre es sinnvoll, nicht wie in den USA nur den besten 5% oder 10% eines Jahrganges eine Erstattung zukommen zu lassen, weil dadurch der Anreizmechanismus nur auf die Studierenden wirken würde, die eine solche Leistung für sich von vornherein als erreichbar erachten. Vielmehr sollte ein Anreizsystem in Stufen implementiert werden, welches ab überdurchschnittlichen Leistungen ansteigend Teile der Rückzahlsumme erlässt.

Abgeleitet aus den vorgenannten Abwägungen sind Darlehen mit integrierten Zuschuss-Komponenten die optimale Finanzierungsart für das Modell.

4.4.3 Freie Vergabe des Darlehens oder Einschränkung der Zielgruppe?

Nachdem die Finanzierungsform festgelegt wurde, wird nun die Zielgruppe definiert. Es ist zu klären, ob alle Studierenden oder nur jene, die als bedürftig eingestuft werden, Unterstützung bei der Finanzierung der Studiengebühren erhalten sollen. Für diesen Zusammenhang kann auf Erfahrungen anderer Länder Bezug genommen werden, weil dort entsprechende Erfahrungen bei der Zielgruppeneingrenzung vorliegen: International sind für die Bewilligung von staatlichen Förderungen bisher die Vermögensverhältnisse des Studierenden und die Einkommens- und Vermögensverhältnisse der Eltern maßgeblich. Neben den vorgestellten Studienfinanzierungssystemen der USA und Großbritannien, gilt dies auch für Länder wie Frankreich und Deutschland. Kulturbedingt wurde in den meisten dieser Länder bei der Konzeption des Finanzierungsmodells ein traditionelles Familienbild vorausgesetzt, was in diesem Zusammenhang bedeutet, dass Eltern für die Finanzierung des Studiums ihrer Kinder sorgen, soweit sie es können.[69] In einigen dieser Länder, so auch in Deutschland, ist sogar eine Unterhaltspflicht gesetzlich verankert.[70] Damit wird erreicht, dass die Frage der Studienfinanzierung soweit wie möglich familienintern gelöst wird. Erst wenn die finanziellen Mittel der Eltern nachweislich nicht ausreichen, werden staatliche Finanzierungshilfen bewilligt. Kinder gutverdienender Eltern erhalten somit keine staatliche Förderung. Zum einen wird dadurch der öffentliche Haushalt des Staates entlastet, zum anderen wird diese Art der Umverteilung vielerorts gesellschaftspolitisch als ausgleichende Gerechtigkeit wahrgenommen.

Das traditionelle Familienbild verändert sich jedoch besonders in hochentwickelten Industriegesellschaften zunehmend. Allgemein ist die klassische Rollenverteilung, beziehungsweise das soziale Beziehungsgeflecht innerhalb der Familie, mehr und mehr aufgeweicht. Die Individualisierung hat auch in dieser sozialen Einheit Einzug gehalten. Zunehmend wird von jungen Menschen erwartet, dass sie ihre Zukunft eigenverantwortlich gestalten. Dies geht mit einer frühzeitigen finanziellen Entkopplung von den Eltern einher. Vor diesem Hintergrund ist damit jeder Studierende förderungswürdig. In diesem Zuge gehen einige Länder dazu über, Studierende unabhängig von den Finanzen der Eltern zu unterstützen. Vorreiter sind bisher die skandinavischen Länder Schweden, Norwegen, Dänemark, Finnland und Island.[71] Auch in Deutschland wäre es eine zeitgemäße Änderung, dem Studierenden unabhängig von den finanziellen Möglichkeiten seiner Eltern staatliche Unterstützung zukommen zu lassen, da auch hier ähnliche Entwicklungen zu beobachten sind. Die pauschale Bereitstellung von Darlehen hätte einen weiteren Vorteil: Sie würde von vornherein vermeiden, dass Eltern ihre Kinder bei der Entscheidung, ein Studium aufzunehmen, negativ beeinflussen. Dieser Aspekt ist nicht zu unterschätzen, da zu erwarten ist, dass die Bereitschaft der Eltern, ihren Kindern das Studium zu finanzieren, in der Zukunft weiter abnimmt. Diese Einschätzung beruht auf der Tatsache, dass private Haushalte mehr denn je private Rücklagen für die Altersvorsorge bilden

---

[69] EURYDICE: Ausbildungsförderung, 1999, S. 125-145.

[70] Bürgerliches Gesetzbuch, §1601, dtv, 2002, S. 388.

[71] EURYDICE: Ausbildungsförderung, 1999, S. 9.

müssen, da beispielsweise in zunehmendem Maße die gesetzlichen Rentenansprüche zur Alterssicherung nicht ausreichend sein werden. Zwar gilt noch die gesetzliche Unterhaltspflicht der Eltern, jedoch ist zu vermuten, dass Kinder in der Mehrheit der Fälle nicht vor Gericht ihren Anspruch auf finanzielle Unterstützung einklagen und von der Aufnahme eines Studiums Abstand nehmen. Dieser Zusammenhang hat damit im zunehmenden Maße negative Auswirkungen auf die Akademikerquote. Diesen Argumenten folgend, wäre eine Bewilligung von Darlehen an alle Studierende naheliegend, würde sie jedem Studierwilligen eine von den Eltern unabhängige Entscheidung ermöglichen.

Zusätzlich zu diesen Überlegungen kommt in Deutschland ein Effizienzaspekt hinzu: Zwar liegen hierfür keine genauen Zahlen vor, jedoch dürfte die komplexe Einkommens- und Vermögensprüfung der Eltern für die zuständigen BAföG-Ämter sehr zeitaufwendig und damit kostenintensiv sein. Dabei ist hervorzuheben, dass nach der Erstbewilligung für jedes weitere Bewilligungsjahr eine erneute Prüfung vorgenommen wird.[72] Zudem ist mittlerweile festgestellt worden, dass dieser Prüfungsapparat wenig effizient ist, dass heißt die Einschränkung der Zielgruppe wenig effektiv ist. Die Quote von Falschangaben der Studierenden bei der Feststellung ihrer finanziellen Gegebenheiten ist hoch. So hat das Bundesland Nordrhein-Westfalen kürzlich bei einer Stichprobe von 10.000 BAföG Empfängern festgestellt, dass jeder zweite Student unwahre Angaben gegenüber dem bewilligenden Amt gemacht hatte. Die Differenzen ergaben sich durch einen Abgleich mit den Einkommensteuererklärungen der Studierenden und deren Eltern. Als Konsequenz hat die Staatsanwaltschaft Münster im Juli 2003 Ermittlungen gegen mehr als 2.300 BAföG Empfänger allein am Studienstandort Münster eingeleitet.[73] Eine umfassende Verteilungsgerechtigkeit ist somit nicht erreicht worden. Bis hierhin wäre im Sinne der Zielgrößen die Optimallösung, allen Studierenden pauschal ein Darlehen zur Finanzierung der Studiengebühren zur Verfügung zu stellen.

Allerdings sind neben den Zielgrößen auch die finanzpolitischen Anforderungen zu berücksichtigen, da der Staat der Budgetrestriktion unterliegt. Dem fiskalischen Spielraum eines pauschalen Studiengebührenfinanzierungssystems sind damit Grenzen gesetzt. Insbesondere die aktuelle Situation des Bundeshaushaltes gibt den finanzpolitischen Anforderungen an das Modell ausschlaggebendes Gewicht. Die deutlich geringeren Einnahmen und höheren Ausgaben machten im Oktober 2003 im Bundestag die Verabschiedung eines Nachtragshaushaltes für das laufende Haushaltsjahr notwendig. Die Nettoneuverschuldung des Bundes beträgt demnach für das Jahr 2003 nicht € 18,9 Milliarden sondern € 43,4 Milliarden.[74] Die jährliche Schwelle der Neuverschuldung gemäß EU-Stabilitätspakt in Höhe von 3% Prozent des Bruttoinlandsprodukts ist damit deutlich überschritten worden. Die fiskalischen Belastungen, die von dem Studiengebührenfinanzierungsmodell ausgehen, müssen daher so dimensioniert sein, dass es zum einen poli-

[72] Bundesministerium für Bildung und Forschung: Ausbildungsförderung, 2002, S. 11-12.
[73] LEFFERS, J.: Staatsanwalt, 2003.
[74] Bundesfinanzministerium: Konjunkturgerechte Finanzpolitik, 2003.

tisch durchsetzbar und zum anderen fiskalisch verantwortbar ist. Aus diesem Grunde werden die finanziellen Belastungen im Folgenden explizit berechnet.

Es wird angenommen, dass die staatlichen Hochschulen maximal € 1.000 Studiengebühren im Semester bei jedem Studenten erheben. Derzeit werden Gebühren zwischen € 500 und € 1.500 diskutiert[75]. Da bei dieser Modellvariante alle Studierenden berechtigt sind, das Darlehen in Anspruch zu nehmen, wird eine Zahl von aufgerundet 2.000.000 Studierenden angesetzt. Im Jahr 2002 studierten 1.940.000 Studenten an deutschen Hochschulen, mit steigender Tendenz.[76] Als durchschnittliche Studiendauer werden 6 Jahre angesetzt, was dem errechneten Durchschnitt des Statistischen Bundesamtes entspricht.[77] Damit muss der Staat für alle Studierenden in einem Zeitraum von 6 Jahren € 24 Milliarden vorfinanzieren. Diese Summe wird über Staatsanleihen finanziert, die der Staat mit langfristig ungefähr 5,5% per annum verzinsen muss. Es wird davon ausgegangen, dass 15% der insgesamt ausgezahlten Darlehen nicht zurückgezahlt werden, aufgrund von zu niedrigem Einkommen, dauerhafter Arbeitslosigkeit, Krankheit oder ähnlichem. Damit zahlen 85% der Darlehensnehmer mit der ersten Einkommensteuererklärung nach Abschluss des Studiums die erste Rate, insgesamt werden 8 Jahre lang 8% vom verfügbaren Jahreseinkommen mit der Einkommensteuererklärung an den Staat abgeführt.[78] Ähnlich dem Modell der Universität Witten/Herdecke, sind diese Konditionen so ausgelegt, dass alle Darlehensnehmer als eine Solidargemeinschaft angesehen werden. Das heißt, ihre Rückzahlungssumme fällt durchschnittlich etwas höher aus, als die nominal in Anspruch genommene Darlehenssumme von durchschnittlich € 12.000. Als Einstiegsgehalt werden € 32.000 angenommen, was der Untergrenze der Bandbreite der Einstiegsgehälter entspricht.[79] Dem Staat verbleibt damit der Zinsaufwand für die begebenen Staatsanleihen der langfristig durchschnittlich € 1,1 Milliarden (Szenario1) per annum beträgt, Rückzahlungsausfälle nicht berücksichtigt. Diese Summe würde eine Mehrbelastung des Bundeshaushalts von 0,42% gemessen an der Höhe des Bundeshaushalts 2003 von € 260,1 Milliarden bedeuten. Aus diesem Grunde ist eine pauschale Gewährung des Darlehens fraglich. Alternativ sollte das Darlehen daher eher nur finanziell bedürftigen Studierenden gewährt werden, ähnlich den Bestimmungen des BAföG. Die Förderquote des BAföG im Jahr 2002 gemessen an allen Studenten betrug 23,3%. Um der Tatsache Rechnung zu tragen, dass Eltern zum einen durch Studiengebühren und zum anderen durch die Aufwendungen für die private Altersvorsorge zukünftig doppelt belastet werden, sollte Förderquote dementsprechend angepasst werden. Als Mittelweg zwischen den beiden geschilderten Alternativen, wird daher in den Berechnungen langfristig mit einer Förderquote von 30% kalkuliert. Die Zinsbelastung des Bundes würde dann analog rund € 339 Millio-

---

[75] Vgl. GRÜSKE, K.-D.: Studiengebühren, S. 108, 2003. Vgl. auch DRÄGER, J.: Bildungsdarlehen statt BAföG, 2003, S. 24.

[76] Statistisches Bundesamt: Studierende, 2003.

[77] Statistisches Bundesamt: Nichtmonetäre hochschulstatistische Kenn-zahlen, 2003, o.S.

[78] Brutto Jahreseinkommen (100%) abzüglich Einkommensteuer und Sozialversicherungsbeiträge (40%) ergeben das verfügbare Jahreseinkommen (60%).

[79] TAENZER, A.: Einstiegsgehälter von Akademikern, 2003, o.S.

nen (Szenario 2) betragen, Rückzahlungsausfälle nicht berücksichtigt. Die genaue Berechnung der Zahlungsströme kann im Anhang nachvollzogen werden.

4.4.4 Ausgleich von Zahlungsausfällen durch Staat, Eltern oder Studenten?

In der vorstehenden Beispielrechnung gleichen die rückzahlenden Darlehensnehmer durch die integrierte Solidaritätsfunktion die Ausfallquote von 15% aus. Es ist zu klären, ob andere Varianten, beispielsweise Bürgschaften, gegebenenfalls sinnvoller sind. In einer denkbaren Variante könnten die Eltern als Bürgen im Zahlungsausfall für die Rückzahlung herangezogen werden. Gegen eine Bürgschaft dieser Art wiegen auch hier Argumente, die bereits angeführt wurden: Der Studierende soll, soweit es möglich ist, individuell gefördert werden und damit unabhängig von seinen Eltern studienrelevante Entscheidungen fällen können. Eine Eltern-Bürgschaft würde diese Abhängigkeit eher vergrößern, auf sie wird daher in diesem Modell verzichtet.

Eine andere Variante ist, dass der Staat die Rückzahlungsausfälle von 15% ausgleicht. Das würde bedeuten, dass der Staat für alle Kosten Finanzierungssystems aufkommen müsste: Zinsaufwand, Rückzahlungsausfälle und Administration. Dies würde eine weitere Belastung des Bundeshaushaltes bedeuten. Neben diesem finanzpolitischen Argument kann angeführt werden, dass das Modell bei einer staatlichen Ausfallbürgschaft Ziel öffentlicher Kritik werden könnte. Kommen die rückzahlenden Studierenden als Solidargemeinschaft für die Zahlungsausfälle auf, werden die beiden vorgenannten Effekte von vornherein ausgeschlossen. Kosten und Risiko des Studiengebührenfinanzierungsmodells werden aufgeteilt, indem der Staat einerseits administrative Kosten sowie den Zinsaufwand für die gesamte Darlehenssumme übernimmt und andererseits Studierende, die das Darlehen in Anspruch nehmen, das Ausfallrisiko ihrer Kommilitonen solidarisch mittragen. Diese Variante soll für das Modell angewendet werden.

4.4.5 Pauschale Darlehensauszahlung vs. Verknüpfung mit Bedingungen?

Zu klären ist, ob und an welche Bedingungen Auszahlungen geknüpft werden. Eine ungeprüfte Auszahlung der Darlehen scheint angesichts der sich daraus ergebenden Gefahr der Zweckentfremdung nicht sinnvoll zu sein. International hat sich die Immatrikulation an der betreffenden Hochschule als Grundvoraussetzung für die Gewährung von Darlehen bewährt. Als initiale Bedingung ist dies ausreichend. Allerdings lässt die Immatrikulation keine qualitative Aussage über den Fortschritt des Studierenden im Studium zu. Auch hier besteht eine Gefahr der Zweckentfremdung, beispielsweise wenn Studierende trotz Immatrikulation nicht ernsthaft den Abschluss des Studiums anstreben. Dieser Fall könnte als eingetreten angesehen werden, wenn das Vordiplom oder eine vergleichbare Zwischenprüfung nicht nach einer typischen Anzahl von Semestern zuzüglich einer Kulanz von beispielsweise zwei Semestern erreicht wird. Nach Ablauf dieser Kulanzfrist sollte das bewilligende Amt die Finanzierung der Studiengebühren unterbrechen, sofern keine besonderen Gründe für die Verzögerung, wie längere Krankheit, Schwangerschaft oder andere familiäre Gründe vorliegen.

4.4.6 Zinsfreiheit des Darlehens oder Berechnung von Zinsen?

Für traditionelle Bankdarlehen werden mit Beginn der Auszahlungen Zinsen berechnet als Gegenleistung dafür, dass der Darlehensgeber dem Kreditnehmer eine Geldsumme über einen festgelegten Zeitraum zur Verfügung stellt. Es ist zu klären, ob und in welchem Umfang der Staat Zinsen für die gewährten Darlehen verlangen sollte. Der Staat könnte mit dem Abwälzen des eigenen Zinsaufwandes auf die Studierenden den Bundeshaushalt entlasten, was finanzpolitisch vorteilhaft wäre. Allerdings sind bildungspolitische Konsequenzen zu bedenken: Kommt zu der Verschuldung durch ein Darlehen noch die Belastung durch Zinseszins hinzu, so könnte die unerwünschte Folge sein, dass die Anzahl der Studienanfänger sinkt, weil die Hemmschwelle, ein Studium aufzunehmen, steigt. Aus gleichen Gründen könnte die Zahl der Studienabbrecher steigen. Ingesamt würde die Akademikerquote also sinken. Außerdem soll folgender Zusammenhang angeführt werden: Eine höhere Anzahl von Akademikern erhöht das Einkommensteueraufkommen, weil das Lebenseinkommen von Akademikern im Durchschnitt höher ist, als von Nichtakademikern. Dabei wird unterstellt, dass die Mehreinnahmen aus der Einkommensteuer, die Bildungsinvestitionen des Staates übertreffen.[80] In diesem Zusammenhang sind Studiendarlehen also direkt zinslos, die erlassenen Zinsen werden durch das progressive Einkommensteuersystem jedoch überkompensiert.

Auch bezogen auf die Zielgröße Studiendauer kann auf eine direkte Verzinsung verzichtet werden: Angesichts der in jedem Semester fälligen Studiengebühren und damit steigender Darlehenssumme ist auch bei Entfallen des Darlehenszinses zu erwarten, dass Studierende bestrebt sind, das Studium zügig abzuschließen. Aus den vorangegangenen Überlegungen soll daher auf Zinsen bei der Finanzierung von Studiengebühren verzichtet werden.

4.4.7 Einkommensabhängige Rückzahlung der Darlehens?

Bei den vorgestellten Modellen dominiert im wesentlichen ein Rückzahlungsmodus: Der Student muss die in Anspruch genommene Summe zuzüglich Zinsen, beziehungsweise bei Unterschreiten eines bestimmten Mindesteinkommens weniger oder gar nichts zurückzahlen. Ein anderer Modus wurde an der Universität Witten/Herdecke eingeführt: Dort verpflichtet sich der Student für die Dauer von 8 Jahren 8% seines Nettoeinkommens zurückzuzahlen. Demzufolge kann der Rückzahlungsbetrag die ursprüngliche Summe unter- oder übertreffen. Für die Wittener Variante spricht, dass durch die integrierte Um-

---

80 VON WEIZSÄCKER, R. K./WIGGER, B. U.: Bildungsfinanzierung, 1998, S. 56.

verteilungsfunktion im Idealfall Minderzahlungen durch Mehrzahlungen ausgeglichen werden. Bei der erstgenannten Variante stehen den Rückzahlungsausfällen (beispielsweise durch Berufsunfähigkeit, Langzeitarbeitslosigkeit oder erziehender Elternteil) keine Mehrzahlungen durch überdurchschnittlich Verdienende gegenüber. Die solidarische Variante wäre also mit Hinsicht auf die Entlastung des öffentlichen Haushaltes vorzuziehen. Allerdings würden jene, die ein überdurchschnittlich hohes Einkommen beziehen dadurch nominal stärker belastet. Diese Rückzahlungsvariante verstärkt damit den Effekt, der bereits durch das progressive Einkommensteuersystem in Deutschland auf überdurchschnittliche Einkommen wirkt. Eine Überbelastung dieser Einkommen könnte einer Abwanderung ins Ausland führen. Sollten jedoch, wie gesetzlich vorgesehen, die Spitzensteuersätze wesentlich sinken, besteht diese Gefahr nur noch in geringem Maß. Eine „nach oben offene", einkommensabhängige Rückzahlung würde das Modell finanziell stabilisieren und wäre zusätzlich überdurchschnittlich Verdienenden vermittelbar.

4.4.8 Abzug von Stipendien von der Darlehenshöhe?

Die Aufgabe der Begabtenförderung wird in Deutschland hauptsächlich von Stiftungen übernommen. Begabtenförderwerke sind beispielsweise die Studienstiftung des Deutschen Volkes, die Friedrich-Naumann-Stiftung oder die Stiftung der Deutschen Wirtschaft (sdw). Sie alle fördern finanziell wie ideell besonders begabte, beziehungsweise im Studium überdurchschnittlich erfolgreiche Studierende. Ein Stipendiat, der BAföG-würdig ist, erhält von seiner Stiftung ein Vollstipendium in Höhe von € 525 monatlich. Stipendiaten, die nicht BaföG-würdig sind, erhalten lediglich das sogenannte Büchergeld in Höhe von € 80 im Monat. Die Fördermittel werden in der Regel mit Bundesmitteln finanziert, lediglich die Kosten für den eigenen Stiftungsapparat müssen die Förderwerke selbst aufbringen. Für das Modell stellt sich die Frage, ob die ausschöpfbare Höhe des Darlehens zur Finanzierung der Studiengebühren um die Dotierung des Stipendiums gekürzt werden sollte. Dieser Gedanke ist zunächst naheliegend, weil beide Beträge zusammengerechnet den echten Finanzierungsbedarf der Studierenden deutlich übertreffen könnten. Es bestünde also die Gefahr, dass subventionierte Darlehensbeträge dann für nicht bedürftige Studierende bereitgestellt würden. Demgegenüber würde eine Verrechnung der Stipendien jedoch deren elementaren Zweck konterkarieren: Sie sollen nicht zur ordinären Finanzierung von Studiengebühren dienen, sondern besonders leistungsfähigen Studenten die Möglichkeit schaffen, sich mit Hilfe des Stipendiums noch höher qualifizieren zu können, als es ihnen sonst möglich wäre. Aus diesem Grund ist die Finanzierung der Studiengebühren unabhängig von Stipendien zu gewähren.

4.4.9 Harte oder weiche Rückzahlungskonditionen?

Aus der Perspektive des Staates wäre eine bedingungslose Rückzahlung finanzpolitisch zu präferieren, weil die Summe der Rückzahlungen idealiter der Summe der ausgezahlten

Darlehenssummen entsprechen würde. Aus Sicht der Studierenden ist dies unattraktiv: Bei Aufnahme des Studiums kann ein Studierender kaum abschätzen, ob er bei Abschluss des Studiums einen Arbeitsplatz findet, beziehungsweise wie hoch sein Einkommen in den folgenden Jahren sein wird. Gebunden an solche Rückzahlungskonditionen würde das Studium also ein schwer kalkulierbares Risiko für den Studierenden darstellen, kurzfristig würden die Studienanfängerzahlen wahrscheinlich deutlich sinken und mittelfristig damit auch die Akademikerquote. Diese Kondition wäre im Sinne dieser Zielgröße ungeeignet, zudem dürfte sie dadurch bildungspolitisch nicht durchsetzbar sein. In Großbritannien beispielsweise hat sich bewährt, dass Rückzahler jährlich einen Zahlungsaufschub beantragen können, sofern ihr Einkommen weniger als 85% des „national average income" beträgt. Eine ähnliche Regelung gilt in den USA. An der privaten Universität Witten/Herdecke wurde eine untere Kappungsgrenze im Rahmen der einkommensabhängigen Rückzahlung eingeführt: Ist das verfügbare Jahreseinkommen geringer als € 17.000, kann Zahlungsaufschub für das betreffende Jahr beantragt werden. Diese Varianten haben sich bewährt, da sie die Einkommenssituation der Rückzahler individuell berücksichtigt und damit eine sozialverträgliche Rückzahlung ermöglicht. Aus diesen Gründen ist sie auch für das hier zu entwickelnde Modell zu wählen. Die Höhe der Kappungsgrenze sollte sich, mit Hinsicht auf die Entlastung des Staatshaushaltes, ähnlich wie in Großbritannien an ein national durchschnittliches Einkommen orientieren.

Die Rückzahlungskondition ist allerdings nur einstufig: Entweder es wird die volle oder keine Rate bei Unterschreiten der Kappungsgrenze gezahlt. Eine mehrstufige oder gar gleitende Regelung würde eine noch individuellere und damit sozialverträglichere Rückzahlung ermöglichen. Zudem würde dadurch die Gefahr sinken, dass bei der einstufigen Variante das Einkommen unter die Kappungsgrenze manipuliert wird. An der Universität Witten/Herdecke wird die Rückzahlungshöhe relativ an die Einkommensverhältnisse gekoppelt: 8 Jahre lang werden per annum 8% des verfügbaren Einkommens gezahlt. Auch das Finanzierungssystem der USA ermöglicht eine Anpassung der Rückzahlung an die individuelle Zahlungsfähigkeit, dort kann der Absolvent zwischen mehreren Rückzahlungsvarianten wählen: Neben dem „Standard Repayment Plan", bei dem ein monatlicher Fixbetrag bis zu 10 Jahre lang vereinbart wird, gibt es noch drei weitere Wahlmöglichkeiten. Beim „Extended Repayment" wird die Rückzahldauer unter Inkaufnahme einer insgesamt höheren Zinslast auf 12-30 Jahre erhöht. Dasselbe wird beim „Graduated Repayment Plan" angeboten, allerdings werden die monatlichen Beträge alle zwei Jahre erhöht. Die vierte Variante, der „Income Contingent Repayment Plan", passt die monatlichen Beiträge kontinuierlich an das Jahreseinkommen und Familiengröße an. Der Vorteil der Wittener Variante ist, dass sie einfach ist und daher weniger administrativen Aufwand in der Rückzahlungsperiode verursacht. Sie soll deshalb für das Modell gelten.

Allerdings ist die Wittener Rückzahlungsvariante noch zu erweitern: Sie sollte den Familienstand, also ledig/verheiratet, Anzahl der Kinder berücksichtigen. Das Ergebnis könnte ansonsten sein, dass Akademiker sich „gegen Kinder" entscheiden, weil sie die finanzielle Belastung als zu hoch empfinden. Der Anteil der Kinder, deren Eltern Akademiker sind, würde wahrscheinlich sinken, mit langfristig negativer Auswirkung auf die Zielgröße Akademikerquote. Zusätzlich erschwerend ist die Tatsache, dass Kinder aus sogenannten „bildungsfernen" Schichten trotz Begabung aufgrund eines oftmals mangelnden Bildungs-Bewusstseins der Eltern kein Studium aufnehmen. Diese Problematik kann entschärft werden, indem das Modell eine steigende steuerliche Absetzbarkeit der Rückzahlungsbeträge pro Kind ermöglicht.

4.4.10 Begrenzte vs. unbegrenzte Rückzahlungsdauer

Der Rückzahlungszeitraum sollte so gewählt werden, dass die Wahrscheinlichkeit hoch ist, dass der Staat die geliehene Darlehenssumme vollständig zurückerhält. Andererseits sollte der Rückzahlungszeitraum mit Rücksicht auf die Darlehensnehmer begrenzt sein: Zum einen, weil der psychologische Effekt einer unbegrenzten Dauer nicht zu unterschätzten ist und zum anderen, weil nach einem gewissen Zeitraum die meisten Darlehen bereits getilgt sind. Jene Darlehen, die bis dahin noch nicht getilgt sind, dürften ohnehin kaum noch einbringbar sein. Bei einer vorgesehenen typischen Rückzahlungsdauer von 8 Jahren, soll der maximale Rückzahlungszeitraum daher auf 20 Jahre begrenzt sein.

4.4.11 Integration oder Eigenständigkeit des Modells?

Dieses Modell würde, ähnlich wie die Finanzierungsmodelle der Universität Witten/Herdecke und der Wissenschaftlichen Hochschule für Unternehmensführung Vallendar lediglich die dort fälligen Studiengebühren abdecken. Die übrigen Aufwendungen für Lebenshaltung, Studienmittel oder Auslandsaufenthalte müssen anderweitig finanziert werden. Sofern dies nicht aus eigenen Einkünften (Nebenjobs) oder Zuwendungen der Eltern möglich ist, können weitere Mittel über das BAföG beantragt werden. Die Einführung des bundesweiten Modells zur Finanzierung von Studiengebühren würde also bedeuten, dass der Staat parallel zwei Finanzierungsapparate unterhalten müsste. Der administrative Aufwand für die Verwaltung der Fördersysteme würde insgesamt hoch sein und ist mit den finanzpolitischen Anforderungen des Modells nicht vereinbar. Zudem wäre zu erwarten, dass zwei Modelle, eines zur Finanzierung von Studiengebühren, eines zur Finanzierung des Studiums allgemein, die Transparenz des Finanzierungssystems gegenüber den Studierenden verringern würde. Die Hemmschwelle, ein Studium aufzunehmen, könnte für diejenigen, die ein staatliches Fördersystem in Anspruch nehmen, steigen. Dies widerspricht der bildungspolitischen Anforderung, vorhandene Hemmschwellen weiter abzubauen und zudem der sozialpolitischen Anforderung, die Chancengleichheit beim Hochschulzugang zu erhöhen. Zwei koexistierende Systeme wären demnach nicht akzeptabel; eine Verschmelzung zu einem System, dass bedürftige Studierende im Sinne des BAföG sowie parallel Studiengebühren finanziert, ist notwendig.

5 Zusammenfassung der Ergebnisse

Mit der Bestimmung der wesentlichen Merkmale ist ein Modell zur Finanzierung von Studiengebühren entstanden, welches im Folgenden zusammenfassend skizziert wird:

Der Staat ist Träger des Finanzierungssystems und kann so gewährleisten, dass langfristig der Bedarf an Darlehen in voller Höhe und zu jedem Zeitpunkt gedeckt ist. Hilfestellung bei der Bildungsfinanzierung bleibt damit eine Aufgabe des Staates, das Modell entspricht so den Anforderungen der Bildungspolitik und der Zielgröße Akademikerquote. Parallel wird ein attraktiver Rahmen geschaffen, der es beispielsweise Banken ermöglicht, am Markt zur Finanzierung von Darlehen als Anbieter teilzunehmen. Gegebenenfalls muss der Staat in diesem Zusammenhang Teil-Bürgschaften und Zinssubvention stellen, damit Banken konkurrenzfähige Produkte anbieten können. Auf diese Weise wird ein reines Monopol des Staates vermieden. Des weiteren begünstigen Innovationen aus der Privatwirtschaft eine dynamische Weiterentwicklung des Modells in einer sich stets verändernden Systemumwelt.

Durch die Wahl des Darlehens als Form zur Finanzierung der Studiengebühren werden Anreize bei den verschiedenen Gruppen erzeugt: Ein Primäranreiz bei Studenten ist, dass ein Studienplatz tendenziell nur dann in Anspruch genommen wird, wenn der Studienabschluss ernsthaft angestrebt ist. Darlehen stellen hier einen direkten Bezug zwischen Investition und Ertrag (Lebenseinkommen) her. In demselben Zusammenhang führt das veränderte Verhalten der Studenten zu einem Sinken der durchschnittlichen Studiendauer, was eine weitere Kongruenz mit den Zielgrößen schafft. Auch verändert sich das Wahlverhalten des Studenten bezüglich der Hochschule im Sinne des weiter in den Vordergrund rückenden Kosten/Nutzen-Verhältnisses. Damit wirkt ein indirekter Anreiz auf die Hochschulen, Studieninhalte, Betreuungsverhältnis, Sachmittelausstattung und Studiendauer nachfrageorientiert auszurichten; das Modell kommt so bildungspolitischen Anforderungen und der Zielgröße Qualität der Hochschulabschlüsse entgegen. Mit der steigenden Qualität des Hochschulstudiums steigt ebenfalls die Attraktivität des Studiums generell; mittelfristig können so die etwaigen Negativ-Wirkungen auf die Zielgröße Akademikerquote, die von Darlehen ausgehen können, überkompensiert werden. Der Staat profitiert mehrfach von diesen Entwicklungen: Zum einen erhöht sich die Mitteleffizienz der Steuergelder, die in die Hochschulen fließen, zum anderen erhöhen sich infolge des wachsenden Lebenseinkommens auch die Steuereinnahmen. In diesem Punkt wird den finanzpolitischen Anforderungen an das Modell genüge getan.

Darlehen werden nur Studenten gewährt, welche Studiengebühren nicht allein finanzieren oder keine Unterstützung von den Eltern erhalten können. Diese Regelung ist notwendig aufgrund der Budgetrestriktion des Staates, die durch die hohe Verschuldung der öffentlichen Haushalte wieder verstärkt zu beachten ist. Aus diesem Grund kann leider die Idee, jeden Studenten unabhängig von seinen Eltern zu finanzieren und damit mehr in die Verantwortung zu nehmen, nicht verwirklicht werden. Die finanzpolitischen Anforderungen haben hier Vorrang, die bildungs- und sozialpolitische Chancengleichheit beim Hochschulzugang bleibt jedoch gewahrt. Letztendlich ist mit diesen beiden Punkten die politische Durchsetzbarkeit weitgehend gesichert.

Aus den gleichen Überlegungen werden in diesem Modell die Kosten der Finanzierung von Studiengebühren zwischen Staat und Studenten aufgeteilt: Den Zinsaufwand trägt der Staat, die Rückzahlungsausfälle werden von den ehemaligen Darlehensnehmern solidarisch getragen, die nach dem Studium ein Einkommen erzielen. Gemäß der Ausfallquote zahlen sie im Durchschnitt 15% mehr zurück als sie ursprünglich ausgeliehen haben. Der Zinsaufwand des Staates beträgt bei einer Gefördertenquote von 30% circa € 339 Millionen jährlich.

Mit der einkommensabhängigen Rückzahlung des Darlehens schließt das Modell gleichzeitig die Gefahr der Überschuldung nach dem Studium von vornherein aus und genügt damit sozialpolitischen Anforderungen. Aus dem gleichen Grund wird im Modell die Rückzahlungsdauer auf maximal 25 Jahre begrenzt. Optional ist zu überlegen, ob die Rückzahlungssumme mit zunehmender Zahl der Kinder gemindert werden sollte, um der überdurchschnittlichen Kinderlosigkeit von Akademiker-Ehepaaren entgegenzuwirken.

Schlussendlich sollte das Modell in das bestehende BAföG-System integriert werden, um zum einen die administrativen Kosten des Modells zu minimieren und zum anderen, um die Transparenz des gesamten Bildungsfinanzierungssystems zu wahren. Der letztgenannte Aspekt ist nicht zu unterschätzen, da intransparente Finanzierungssysteme negative Auswirkungen auf die Studienanfängerzahlen haben und damit auch auf die Akademikerquote wirken. BAföG-Ämter würden in diesem Zusammenhang die Information, Beratung und Abwicklung des Finanzierungskonzepts übernehmen.

Insgesamt ist damit ein Modell konzipiert, dass Anforderungen der Bildungspolitik, Hochschulpolitik, Sozialpolitik und Finanzpolitik weitgehend entspricht und positive Wirkungen auf die wesentlichen Zielgrößen Akademikerquote, durchschnittliche Studiendauer und Qualität des Studiums entfaltet.

6 Ausblick

Mit der Integration von Anforderungen und der Ausrichtung auf Zielgrößen wurden bei der Konzeption von vornherein Systemeffekte berücksichtigt und damit ein Schwerpunkt auf die Institutionenverträglichkeit des Modells gelegt. Sie beeinflusst die Erfolgswahrscheinlichkeit des Modells ähnlich der Wahrscheinlichkeit der Abstoßung im Falle einer Organtransplantation in der Medizin. Zusätzlich ist darauf zu achten, dass ein institutioneller Wandel bei bestimmten Institutionen vollzogen wird, damit sich die Wirkungen des Modells voll entfalten können. Konkret bedeutet dies, dass beispielsweise im Rahmen einer Hochschulreform den Hochschulen weitgehende Autonomie bei der Mittelverwendung, der Gestaltung des Studienangebotes und der Auswahl der Studenten zurückgegeben wird. Auch die Höhe der Studiengebühren sollte von den Hochschulen selbst bestimmt werden, der Staat sollte lediglich eine Obergrenze von beispielsweise € 3.000 jährlich vorgeben. Der Staat sorgt seinerseits für eine ausreichende Finanzierung der Hochschulen, die für ihn den Charakter einer Investition hat. Dies beinhaltet die Verpflichtung, den Finanzierungsetat für Hochschulen mindestens konstant zu halten. Dieser Aspekt ist besonders wichtig um die Akzeptanz von Studiengebühren vor allen Dingen bei Studenten zu erreichen.

Nach Einführung ist eine stetige Nachjustierung des Modells vorzunehmen, damit es sich einem fortlaufenden Wandel der Institutionen anpasst und damit diesen gleichzeitig vorantreibt. Diese Teilnahme am institutionellen Wandel könnte beispielsweise durch eine regelmäßige Evaluation des Studiengebührenfinanzierungssystems bewirkt werden. Hierfür könnte eine Art Evaluationsrat geschaffen werden, der aus Professoren, Studenten und Mitarbeitern des Bundesministeriums für Bildung und Forschung bestehen könnte. Mittelfristig wären bereits einige Änderungen erforderlich: Beispielsweise könnte es notwendig werden, die Zielgruppe der Geförderten zu vergrößern, weil Eltern, aufgrund der stark wachsenden Investitionen in private Altersvorsorge, in zunehmendem Maße nicht mehr für die Finanzierung des Studiums ihrer Kinder werden sorgen können. Chancengleichheit beim Zugang zur Hochschulbildung bleibt damit ein Problemfeld, das in der Zukunft immer wieder gelöst werden muss.

Insgesamt werden die Anforderungen an das deutsche Hochschulsystem mit Hinsicht auf die wachsende Bedeutung des Humankapitals für Wachstum und Wohlstand weiter steigen. Studiengebühren und deren Finanzierung bleiben damit ein Thema mit hoher politischer und volkswirtschaftlicher Relevanz, welches auch institutionenökonomisch angegangen werden muss.

BODENHÖFER, H.-J.: Hochschulreform, in: Weiß, Manfred/Weishaupt, Horst (Hrsg.), Bildungsökonomie und Neue Steuerung, Frankfurt 2000.

BUCHANAN, James: Die Grenzen der Freiheit zwischen Anarchie und Leviathan, Tübingen 1984.

BUNDESFINANZMINISTERIUM (Hrsg.): Konjunkturgerechte Finanzpolitik legt Fundament für wirtschaftliche Erholung, http://www.bundesfinanzministerium.de /Finanz-und-Wirtschaftspolitik/Bundeshaushalt-.433.20697/Pressemitteilung/index.htm, 11.11.2003.

BUNDESMINISTERIUM FÜR BILDUNG UND FORSCHUNG (Hrsg.): Ausbildungsförderung, BAföG, Bildungskredit und Stipendien, Berlin 2003.

DEPARTMENT FOR EDUCATION AND SKILLS (Hrsg.): Financial Support für Higher Education Students, Guide for 2003/2004, London 2003.

DRÄGER, Jörg: Bildungsdarlehen statt BAföG: Plädoyer für eine grundlegende Reform der Studienfinanzierung, in: Studienqualität gestalten, in: Herrmann, Wolfgang (Hrsg.): Neue Wege der Studienfinazierung, München 2003.

EDERER, Peer, SCHULLER, Philipp: Geschäftsbericht Deutschland AG, Stuttgart 1999.

GRÜSKE, Klaus-Dieter: Finanzielle Effekte von Studiengebühren, in: Herrmann, Wolfgang (Hrsg.): Neue Wege der Studienfinazierung, München 2003.

GRÜSKE, Klaus-Dieter: Langfristig wird es Studiengebühren geben, in: Nürnberger Zeitung, 18.01.2003.

EU-KOMMISSION (Hrsg.): Die Bildungsstruktur in der Europäischen Union, Brüssel 2002.

EURYDICE (Hrsg.): Ausbildungsförderung für Studierende an Hochschulen in Europa, Brüssel 1999.

DEUTSCHE BUNDESBANK (Hrsg.): Wachsende Bedeutung der Wissensproduktion und Innovationen im Zeitalter globaler Märkte, Frankfurt am Main 1999.

FUCHS, H.-W./REUTER, L.R.: Bildungspolitik in Deutschland: Enwicklungen, Probleme, Reformbedarf, Opladen 2000.

HARTUNG, Manuel: Erst lernen, dann zahlen, in: DIE ZEIT, Nr.21, 15.5.2003.

HEALY, Thomas: Investing in Human Capital, in: Weiß, Manfred/Weishaupt, Horst (Hrsg.): Bildungsökonomie und Neue Steuerung, Frankfurt 2000.

INSTITUT DER DEUTSCHEN WIRTSCHAFT (Hrsg.): Deutschland in Zahlen, Köln 2001.

JENSEN, Stephanie: Ausländerstudium in Deutschland: die Attraktivität deutscher Hochschulen für ausländische Studierende, Wiesbaden 2001.

LEFFERS, Jochen: Herr Staatsanwalt übernehmen sie, http://www.spiegel.de/unispiegel/geld/0,1518,258107,00.html, 26.9.2003.

LITH, Ulrich van: Der Markt als Ordnungsprinzip des Bildungsbereichs, München 1985.

LUHMANN, Niklas: Einführung in die Systemtheorie, Berlin 2002.

MCKINSEY & COMPANY (Hrsg.): Fakten zur Bildung in Deutschland, Düsseldorf 2001.

MÜLLER-BÖLING, Detlef: Deutscher Studienfonds zur Qualitätssicherung der Hochschulen, Gütersloh 1995.

MÜLLER, Helmut: Schlaglichter der deutschen Geschichte, Mannheim 1986.

MÜNCHAUSEN, Anna von: Sechs Länder klagen gegen das Verbot von Studiengebühren, in: Frankfurter Allgemeine Zeitung, 23. Mai 2003.

MY RICH UNCLE (Hrsg.): http://www.MyRichUncle.com, New York 2003.

NEUVIANS, Klaus/DOPHEIDE, Susanne: Internationale Konferenz Studiengebühren, in: Wissenschaftsmanagement, 1996, 4, S.216-218.

OECD (Hrsg.): Science, Technology and Industry Score Board: Towards a knowledge based economy, Paris 2001.

OECD (Hrsg.): The well-being of nations, Paris 2001.

PNC (Hrsg.): Rates, http://www.eduloans.pncbank.com/
resourceloan.html, 2003.

SCHILY, Konrad: Die Entwicklung der Universität Witten/Herdecke unter dem Aspekt der Finanzierung, in: Studienqualität gestalten, in: Herrmann, Wolfgang (Hrsg.): Neue Wege der Studienfinazierung, München 2003.

SCHMOLL, Heike: Kein Tabu mehr, in: FAZ, Nr.266, 15.11.2003.

SPARKASSE KOBLENZ (Hrsg.): Darlehensvertrag, Bedingungen, Koblenz 2003.

STATISTISCHES BUNDESAMT (Hrsg.): BAföG 2002: 72 000 mehr Geförderte in Deutschland, http://www.destatis.de/presse/deutsch/pm2003/p2820071.htm, 11.12.2003.

STATISTISCHES BUNDESAMT: Nichtmonetäre hochschulstatistische Kennzahlen 1996-2000, Wiesbaden 2003.

STATISTISCHES BUNDESAMT (Hrsg.): Studierende, http://www.destatis.de/basis/d/biwiku/hochtab2.htm, 4.12.2003.

STATISTISCHES BUNDESAMT (Hrsg.): Warenkorb und Preisindex für Lebenshaltung, http://www.destatis.de/presse/deutsch/pm1999/wkorb.htm, Wiesbaden 1999.

STUDIERENDENGESELLSCHAFT DER UNIVERSITÄT WITTEN/HERDECKE E.V. (Hrsg.): Vertrag über die Förderung des Studiums an der Universität Witten/Herdecke, Witten 2003.

STUDIERENDENGESELLSCHAFT DER UNIVERSITÄT WITTEN/HERDECKE E.V. (Hrsg.): Kosten des Studiums, http://www.studges.de/index2.html, 21.11.2003.

TIGGES, Claus: Das Studium in Amerika wird teurer, in: Frankfurter Allgemeine Zeitung, 5. Februar 2003.

US DEPARTMENT OF EDUCATION (Hrsg.): The Student Guide 2003/2004, Washington 2003.

US DEPARTMENT OF EDUCATION (Hrsg.): http://www.salliemae.com/about/index.html, 11.7.2003.

VEREINS- UND WESTBANK AG (Hrsg.): Regelsätze im standardisierten Privatkundengeschäft, http://www.vuw.de/media/pdf/prau_030828.pdf, 5.11.2003.

WEIß, Manfred: Vier Jahrzehnte Bildungsökonomie, in: Weiß, Manfred/Weishaupt, Horst (Hrsg.), Bildungsökonomie und Neue Steuerung, Frankfurt 2000.

WEIZSÄCKER, Robert .K. von/ WIGGER, Berthold .U.: Bildungsfinanzierung, Ressourcenausstattung und Produktivitätswachstum, in: Weizsäcker, Robert K. von (Hrsg.), Bildung und Bildungswachstum, Berlin 1998.

ANHANG

- Szenario 1
- Szenario 2

Szenario 1

Annahmen	Maß		Annahmen	Maß	
Föderbetrag p.a. pro Student	€	2.000	Ø Jahreseinkommen Brutto 1. Berufsjahr	€	32.000
Ø Studiendauer	Jahre	6	Quote Steuern + Sozialversicherung	%	40
Anzahl der Studierenden im Jahr 2002	#	2.000.000	Lohnsteigerung p.a. i.d. Ersten 10 Jahren	%	4
Wachstum Studienanfängerzahlen p.a.	%	2	Rückzahlungsquote vom verf. Einkommen	%	8
Quote Geförderte/Studierende	%	100	Rückzahlungsdauer	Jahre	8
Refinanzierungszinssatz Bund	%	5.50	Ausfallquote Rückzahlung	%	15

Rückzahlungsleistung je Absolvent		Jahr 1	Jahr 2	Jahr 3	Jahr 4	Jahr 5	Jahr 6
Ø Jahreseinkommen Brutto je Absolvent	€	32.000	33.280	34.611	35.996	37.435	38.933
Ø Jahreseinkommen Netto je Absolvent	€	19.200	19.968	20.767	21.597	22.461	23.360
Rückzahlungsbetrag je Absolvent	€	1.536	1.597	1.661	1.728	1.797	1.869
Restschuld je Absolvent	€	10.464	8.867	7.205	5.477	3.681	1.812
Zahl der Stundenten & Geförderten		Jahr 1	Jahr 2	Jahr 3	Jahr 4	Jahr 5	Jahr 6
Anzahl der Studierenden	#	2.000.000	2.040.000	2.080.800	2.122.416	2.164.864	2.208.162
Anzahl der geföderten Studienanfänger	#	333.333	340.000	346.800	353.736	360.811	368.027
Insgesamte Zahl der Geförderten	#	333.333	673.333	1.020.133	1.373.869	1.734.680	2.102.707
1. Jahrgang		1	2	3	4	5	6
zu finanzierende Summe des Vorjahres	€	0	703.333.333	1.445.350.000	2.228.177.583	3.054.060.684	3.925.367.355
zusätzliche Finanzierungssumme	€	666.666.667	666.666.667	666.666.667	666.666.667	666.666.667	666.666.667
Finanzierungssumme kumuliert	€	666.666.667	1.370.000.000	2.112.016.667	2.894.844.250	3.720.727.350	4.592.034.021
Rückzahlungsleistung	€	0	0	0	0	0	0
Zu finanzierende Summe	€	666.666.667	1.370.000.000	2.112.016.667	2.894.844.250	3.720.727.350	4.592.034.021
Zinsaufwand	€	36.666.667	75.350.000	116.160.917	159.216.434	204.640.004	252.561.871
2. Jahrgang							
zu finanzierende Summe des Vorjahres	€		0	703.333.333	1.445.350.000	2.228.177.583	3.054.060.684
zusätzliche Finanzierungssumme	€		666.666.667	666.666.667	666.666.667	666.666.667	666.666.667
Finanzierungssumme kumuliert	€		666.666.667	1.370.000.000	2.112.016.667	2.894.844.250	3.720.727.350
Rückzahlungsleistung	€		0	0	0	0	0
Zu finanzierende Summe	€		666.666.667	1.370.000.000	2.112.016.667	2.894.844.250	3.720.727.350
Zinsaufwand	€		36.666.667	75.350.000	116.160.917	159.216.434	204.640.004
3. Jahrgang							
zu finanzierende Summe des Vorjahres	€			0	703.333.333	1.445.350.000	2.228.177.583
zusätzliche Finanzierungssumme	€			666.666.667	666.666.667	666.666.667	666.666.667
Finanzierungssumme kumuliert	€			666.666.667	1.370.000.000	2.112.016.667	2.894.844.250
Rückzahlungsleistung	€			0	0	0	0
Zu finanzierende Summe	€			666.666.667	1.370.000.000	2.112.016.667	2.894.844.250
Zinsaufwand	€			36.666.667	75.350.000	116.160.917	159.216.434
4. Jahrgang							
zu finanzierende Summe des Vorjahres	€				0	703.333.333	1.445.350.000
zusätzliche Finanzierungssumme	€				666.666.667	666.666.667	666.666.667
Finanzierungssumme kumuliert	€				666.666.667	1.370.000.000	2.112.016.667
Rückzahlungsleistung	€				0	0	0
Zu finanzierende Summe	€				666.666.667	1.370.000.000	2.112.016.667
Zinsaufwand	€				36.666.667	75.350.000	116.160.917
5. Jahrgang							
zu finanzierende Summe des Vorjahres	€					0	703.333.333
zusätzliche Finanzierungssumme	€					666.666.667	666.666.667
Finanzierungssumme kumuliert	€					666.666.667	1.370.000.000
Rückzahlungsleistung	€					0	0
Zu finanzierende Summe	€					666.666.667	1.370.000.000
Zinsaufwand	€					36.666.667	75.350.000
6. Jahrgang							
zu finanzierende Summe des Vorjahres	€						0
zusätzliche Finanzierungssumme	€						666.666.667
Finanzierungssumme kumuliert	€						666.666.667
Rückzahlungsleistung	€						0
Zu finanzierende Summe	€						666.666.667
Zinsaufwand	€						36.666.667
kumulierter Zinsaufwand p.a.	€	36.666.667	112.016.667	228.177.583	387.394.017	592.034.021	844.595.893
durchschnittl. Zinsaufwand ab Jahr 13	€	1.131.938.753					

Berechnung der Umlagefunktion			
Ø Zahllast des Studierenden insgesamt	€	12.000	
Ø Rückzahlung des Studierenden insge	€	14.153	
Ø Differenz nominal	%	18	
geschätzter Rückzahlungsausfall	%	15	
Uni		33.000	45.000
FH		32.000	40.000

Jahr 7	Jahr 8	Jahr 9	Jahr 10
40.490	42.110	43.794	45.546
24.294	25.266	26.277	27.328
1.944	2.021	2.102	2.186
-132	-2.153	-4.255	-6.441

Jahr 7	Jahr 8	Jahr 9	Jahr 10	Jahr 11	Jahr 12	Jahr 13	Jahr 14
2.252.325	2.297.371	2.343.319	2.390.185	2.437.989	2.486.749	2.536.484	2.587.213
375.387	382.895	390.553	398.364	406.331	414.458	422.747	431.202
2.144.761	2.187.656	2.231.409	2.276.038	2.321.558	2.367.990	2.415.349	2.463.656

7	8	9	10	11	12	13	14
4.844.595.893	5.111.048.667	4.933.020.343	4.726.835.022	4.490.209.451	4.220.705.413	3.915.720.031	3.572.475.486
0	0	0	0	0	0	0	0
4.844.595.893	5.111.048.667	4.933.020.343	4.726.835.022	4.490.209.451	4.220.705.413	3.915.720.031	3.572.475.486
0	435.200.000	452.608.000	470.712.320	489.540.813	509.122.445	529.487.343	550.666.837
4.844.595.893	4.675.848.667	4.480.412.343	4.256.122.702	4.000.668.638	3.711.582.968	3.386.232.688	3.021.808.649
266.452.774	257.171.677	246.422.679	234.086.749	220.036.775	204.137.063	186.242.798	166.199.476
3.925.367.355	4.844.595.893	5.111.048.667	4.933.020.343	4.726.835.022	4.490.209.451	4.220.705.413	3.915.720.031
666.666.667	0	0	0	0	0	0	0
4.592.034.021	4.844.595.893	5.111.048.667	4.933.020.343	4.726.835.022	4.490.209.451	4.220.705.413	3.915.720.031
0	0	435.200.000	452.608.000	470.712.320	489.540.813	509.122.445	529.487.343
4.592.034.021	4.844.595.893	4.675.848.667	4.480.412.343	4.256.122.702	4.000.668.638	3.711.582.968	3.386.232.688
252.561.871	266.452.774	257.171.677	246.422.679	234.086.749	220.036.775	204.137.063	186.242.798
3.054.060.684	3.925.367.355	4.844.595.893	5.111.048.667	4.933.020.343	4.726.835.022	4.490.209.451	4.220.705.413
666.666.667	666.666.667	0	0	0	0	0	0
3.720.727.350	4.592.034.021	4.844.595.893	5.111.048.667	4.933.020.343	4.726.835.022	4.490.209.451	4.220.705.413
0	0	0	435.200.000	452.608.000	470.712.320	489.540.813	509.122.445
3.720.727.350	4.592.034.021	4.844.595.893	4.675.848.667	4.480.412.343	4.256.122.702	4.000.668.638	3.711.582.968
204.640.004	252.561.871	266.452.774	257.171.677	246.422.679	234.086.749	220.036.775	204.137.063
2.228.177.583	3.054.060.684	3.925.367.355	4.844.595.893	5.111.048.667	4.933.020.343	4.726.835.022	4.490.209.451
666.666.667	666.666.667	666.666.667	0	0	0	0	0
2.894.844.250	3.720.727.350	4.592.034.021	4.844.595.893	5.111.048.667	4.933.020.343	4.726.835.022	4.490.209.451
0	0	0	0	435.200.000	452.608.000	470.712.320	489.540.813
2.894.844.250	3.720.727.350	4.592.034.021	4.844.595.893	4.675.848.667	4.480.412.343	4.256.122.702	4.000.668.638
159.216.434	204.640.004	252.561.871	266.452.774	257.171.677	246.422.679	234.086.749	220.036.775
1.445.350.000	2.228.177.583	3.054.060.684	3.925.367.355	4.844.595.893	5.111.048.667	4.933.020.343	4.726.835.022
666.666.667	666.666.667	666.666.667	666.666.667	0	0	0	0
2.112.016.667	2.894.844.250	3.720.727.350	4.592.034.021	4.844.595.893	5.111.048.667	4.933.020.343	4.726.835.022
0	0	0	0	0	435.200.000	452.608.000	470.712.320
2.112.016.667	2.894.844.250	3.720.727.350	4.592.034.021	4.844.595.893	4.675.848.667	4.480.412.343	4.256.122.702
116.160.917	159.216.434	204.640.004	252.561.871	266.452.774	257.171.677	246.422.679	234.086.749
703.333.333	1.445.350.000	2.228.177.583	3.054.060.684	3.925.367.355	4.844.595.893	5.111.048.667	4.933.020.343
666.666.667	666.666.667	666.666.667	666.666.667	666.666.667	0	0	0
1.370.000.000	2.112.016.667	2.894.844.250	3.720.727.350	4.592.034.021	4.844.595.893	5.111.048.667	4.933.020.343
0	0	0	0	0	0	435.200.000	452.608.000
1.370.000.000	2.112.016.667	2.894.844.250	3.720.727.350	4.592.034.021	4.844.595.893	4.675.848.667	4.480.412.343
75.350.000	116.160.917	159.216.434	204.640.004	252.561.871	266.452.774	257.171.677	246.422.679
1.074.382.000	1.256.203.677	1.386.465.439	1.461.335.754	1.476.732.525	1.428.307.717	1.348.097.740	1.257.125.539

Jahr 15	Jahr 16	Jahr 17	Jahr 18	Jahr 19	Jahr 20	Jahr 21	Jahr 22
2.638.958	2.691.737	2.745.571	2.800.483	2.856.492	2.913.622	2.971.895	3.031.333
439.826	448.623	457.595	466.747	476.082	485.604	495.316	505.222
2.512.929	2.563.188	2.614.452	2.666.741	2.720.076	2.774.477	2.829.967	2.886.566
15	16	17	18	19	20	21	22
3.188.008.125	0	703.333.333	1.445.350.000	2.228.177.583	3.054.060.684	3.925.367.355	4.844.595.893
0	666.666.667	666.666.667	666.666.667	666.666.667	666.666.667	666.666.667	0
3.188.008.125	666.666.667	1.370.000.000	2.112.016.667	2.894.844.250	3.720.727.350	4.592.034.021	4.844.595.893
572.693.510	0	0	0	0	0	0	0
2.615.314.614	666.666.667	1.370.000.000	2.112.016.667	2.894.844.250	3.720.727.350	4.592.034.021	4.844.595.893
143.842.304	36.666.667	75.350.000	116.160.917	159.216.434	204.640.004	252.561.871	266.452.774
3.572.475.486	3.188.008.125	0	703.333.333	1.445.350.000	2.228.177.583	3.054.060.684	3.925.367.355
0	0	666.666.667	666.666.667	666.666.667	666.666.667	666.666.667	666.666.667
3.572.475.486	3.188.008.125	666.666.667	1.370.000.000	2.112.016.667	2.894.844.250	3.720.727.350	4.592.034.021
550.666.837	572.693.510	0	0	0	0	0	0
3.021.808.649	2.615.314.614	666.666.667	1.370.000.000	2.112.016.667	2.894.844.250	3.720.727.350	4.592.034.021
166.199.476	143.842.304	36.666.667	75.350.000	116.160.917	159.216.434	204.640.004	252.561.871
3.915.720.031	3.572.475.486	3.188.008.125	0	703.333.333	1.445.350.000	2.228.177.583	3.054.060.684
0	0	0	666.666.667	666.666.667	666.666.667	666.666.667	666.666.667
3.915.720.031	3.572.475.486	3.188.008.125	666.666.667	1.370.000.000	2.112.016.667	2.894.844.250	3.720.727.350
529.487.343	550.666.837	572.693.510	0	0	0	0	0
3.386.232.688	3.021.808.649	2.615.314.614	666.666.667	1.370.000.000	2.112.016.667	2.894.844.250	3.720.727.350
186.242.798	166.199.476	143.842.304	36.666.667	75.350.000	116.160.917	159.216.434	204.640.004
4.220.705.413	3.915.720.031	3.572.475.486	3.188.008.125	0	703.333.333	1.445.350.000	2.228.177.583
0	0	0	0	666.666.667	666.666.667	666.666.667	666.666.667
4.220.705.413	3.915.720.031	3.572.475.486	3.188.008.125	666.666.667	1.370.000.000	2.112.016.667	2.894.844.250
509.122.445	529.487.343	550.666.837	572.693.510	0	0	0	0
3.711.582.968	3.386.232.688	3.021.808.649	2.615.314.614	666.666.667	1.370.000.000	2.112.016.667	2.894.844.250
204.137.063	186.242.798	166.199.476	143.842.304	36.666.667	75.350.000	116.160.917	159.216.434
4.490.209.451	4.220.705.413	3.915.720.031	3.572.475.486	3.188.008.125	0	703.333.333	1.445.350.000
0	0	0	0	0	666.666.667	666.666.667	666.666.667
4.490.209.451	4.220.705.413	3.915.720.031	3.572.475.486	3.188.008.125	666.666.667	1.370.000.000	2.112.016.667
489.540.813	509.122.445	529.487.343	550.666.837	572.693.510	0	0	0
4.000.668.638	3.711.582.968	3.386.232.688	3.021.808.649	2.615.314.614	666.666.667	1.370.000.000	2.112.016.667
220.036.775	204.137.063	186.242.798	166.199.476	143.842.304	36.666.667	75.350.000	116.160.917
4.726.835.022	4.490.209.451	4.220.705.413	3.915.720.031	3.572.475.486	3.188.008.125	0	703.333.333
0	0	0	0	0	0	666.666.667	666.666.667
4.726.835.022	4.490.209.451	4.220.705.413	3.915.720.031	3.572.475.486	3.188.008.125	666.666.667	1.370.000.000
470.712.320	489.540.813	509.122.445	529.487.343	550.666.837	572.693.510	0	0
4.256.122.702	4.000.668.638	3.711.582.968	3.386.232.688	3.021.808.649	2.615.314.614	666.666.667	1.370.000.000
234.086.749	220.036.775	204.137.063	186.242.798	166.199.476	143.842.304	36.666.667	75.350.000
1.154.545.164	957.125.082	812.438.307	724.462.161	697.435.797	735.876.325	844.595.893	1.074.382.000

Jahr 23	Jahr 24	Jahr 25	Jahr 26	Jahr 27	Jahr 28	Jahr 29	Jahr 30
3.091.959	3.153.799	3.216.874	3.281.212	3.346.836	3.413.773	3.482.048	3.551.689
515.327	525.633	536.146	546.869	557.806	568.962	580.341	591.948
2.944.297	3.003.183	3.063.247	3.124.512	3.187.002	3.250.742	3.315.757	3.382.072
23	24	25	26	27	28	29	30
5.111.048.667	4.933.020.343	4.726.835.022	4.490.209.451	4.220.705.413	3.915.720.031	3.572.475.486	3.188.008.125
0	0	0	0	0	0	0	0
5.111.048.667	4.933.020.343	4.726.835.022	4.490.209.451	4.220.705.413	3.915.720.031	3.572.475.486	3.188.008.125
435.200.000	452.608.000	470.712.320	489.540.813	509.122.445	529.487.343	550.666.837	572.693.510
4.675.848.667	4.480.412.343	4.256.122.702	4.000.668.638	3.711.582.968	3.386.232.688	3.021.808.649	2.615.314.614
257.171.677	246.422.679	234.086.749	220.036.775	204.137.063	186.242.798	166.199.476	143.842.304
4.844.595.893	5.111.048.667	4.933.020.343	4.726.835.022	4.490.209.451	4.220.705.413	3.915.720.031	3.572.475.486
0	0	0	0	0	0	0	0
4.844.595.893	5.111.048.667	4.933.020.343	4.726.835.022	4.490.209.451	4.220.705.413	3.915.720.031	3.572.475.486
0	435.200.000	452.608.000	470.712.320	489.540.813	509.122.445	529.487.343	550.666.837
4.844.595.893	4.675.848.667	4.480.412.343	4.256.122.702	4.000.668.638	3.711.582.968	3.386.232.688	3.021.808.649
266.452.774	257.171.677	246.422.679	234.086.749	220.036.775	204.137.063	186.242.798	166.199.476
3.925.367.355	4.844.595.893	5.111.048.667	4.933.020.343	4.726.835.022	4.490.209.451	4.220.705.413	3.915.720.031
666.666.667	0	0	0	0	0	0	0
4.592.034.021	4.844.595.893	5.111.048.667	4.933.020.343	4.726.835.022	4.490.209.451	4.220.705.413	3.915.720.031
0	0	435.200.000	452.608.000	470.712.320	489.540.813	509.122.445	529.487.343
4.592.034.021	4.844.595.893	4.675.848.667	4.480.412.343	4.256.122.702	4.000.668.638	3.711.582.968	3.386.232.688
252.561.871	266.452.774	257.171.677	246.422.679	234.086.749	220.036.775	204.137.063	186.242.798
3.054.060.684	3.925.367.355	4.844.595.893	5.111.048.667	4.933.020.343	4.726.835.022	4.490.209.451	4.220.705.413
666.666.667	666.666.667	0	0	0	0	0	0
3.720.727.350	4.592.034.021	4.844.595.893	5.111.048.667	4.933.020.343	4.726.835.022	4.490.209.451	4.220.705.413
0	0	0	435.200.000	452.608.000	470.712.320	489.540.813	509.122.445
3.720.727.350	4.592.034.021	4.844.595.893	4.675.848.667	4.480.412.343	4.256.122.702	4.000.668.638	3.711.582.968
204.640.004	252.561.871	266.452.774	257.171.677	246.422.679	234.086.749	220.036.775	204.137.063
2.228.177.583	3.054.060.684	3.925.367.355	4.844.595.893	5.111.048.667	4.933.020.343	4.726.835.022	4.490.209.451
666.666.667	666.666.667	666.666.667	0	0	0	0	0
2.894.844.250	3.720.727.350	4.592.034.021	4.844.595.893	5.111.048.667	4.933.020.343	4.726.835.022	4.490.209.451
0	0	0	0	435.200.000	452.608.000	470.712.320	489.540.813
2.894.844.250	3.720.727.350	4.592.034.021	4.844.595.893	4.675.848.667	4.480.412.343	4.256.122.702	4.000.668.638
159.216.434	204.640.004	252.561.871	266.452.774	257.171.677	246.422.679	234.086.749	220.036.775
1.445.350.000	2.228.177.583	3.054.060.684	3.925.367.355	4.844.595.893	5.111.048.667	4.933.020.343	4.726.835.022
666.666.667	666.666.667	666.666.667	666.666.667	0	0	0	0
2.112.016.667	2.894.844.250	3.720.727.350	4.592.034.021	4.844.595.893	5.111.048.667	4.933.020.343	4.726.835.022
0	0	0	0	0	435.200.000	452.608.000	470.712.320
2.112.016.667	2.894.844.250	3.720.727.350	4.592.034.021	4.844.595.893	4.675.848.667	4.480.412.343	4.256.122.702
116.160.917	159.216.434	204.640.004	252.561.871	266.452.774	257.171.677	246.422.679	234.086.749
1.256.203.677	1.386.465.439	1.461.335.754	1.476.732.525	1.428.307.717	1.348.097.740	1.257.125.539	1.154.545.164

Szenario 2

Annahmen	Maß		Annahmen	Maß	
Föderbetrag p.a. pro Student	€	2.000	Ø Jahreseinkommen Brutto 1. Berufsjahr	€	32.000
Ø Studiendauer	Jahre	6	Quote Steuern + Sozialversicherung	%	40
Anzahl der Studierenden im Jahr 2002	#	2.000.000	Lohnsteigerung p.a. i.d. Ersten 10 Jahren	%	4
Wachstum Studienanfängerzahlen p.a.	%	2	Rückzahlungsquote vom verf. Einkommen	%	8
Quote Geförderte/Studierende	%	30	Rückzahlungsdauer	Jahre	8
Refinanzierungszinssatz Bund	%	5,50	Ausfallquote Rückzahlung	%	15

Rückzahlungsleistung je Absolvent		Jahr 1	Jahr 2	Jahr 3	Jahr 4	Jahr 5	Jahr 6
Ø Jahreseinkommen Brutto je Absolven	€	32.000	33.280	34.611	35.996	37.435	38.933
Ø Jahreseinkommen Netto je Absolvent	€	19.200	19.968	20.767	21.597	22.461	23.360
Rückzahlungsbetrag je Absolvent	€	1.536	1.597	1.661	1.728	1.797	1.869
Restschuld je Absolvent	€	10.464	8.867	7.205	5.477	3.681	1.812

Zahl der Stundenten & Geförderten		Jahr 1	Jahr 2	Jahr 3	Jahr 4	Jahr 5	Jahr 6
Anzahl der Studierenden	#	2.000.000	2.040.000	2.080.800	2.122.416	2.164.864	2.208.162
Anzahl der geföderten Studienanfänger	#	100.000	102.000	104.040	106.121	108.243	110.408
Insgesamte Zahl der Geförderten	#	100.000	202.000	306.040	412.161	520.404	630.812

		Jahr 1	Jahr 2	Jahr 3	Jahr 4	Jahr 5	Jahr 6
1. Jahrgang							
zu finanzierende Summe des Vorjahres	€	0	211.000.000	433.605.000	668.453.275	916.218.205	1.177.610.206
zusätzliche Finanzierungssumme	€	200.000.000	200.000.000	200.000.000	200.000.000	200.000.000	200.000.000
Finanzierungssumme kumuliert	€	200.000.000	411.000.000	633.605.000	868.453.275	1.116.218.205	1.377.610.206
Rückzahlungsleistung	€	0	0	0	0	0	0
Zu finanzierende Summe	€	200.000.000	411.000.000	633.605.000	868.453.275	1.116.218.205	1.377.610.206
Zinsaufwand	€	11.000.000	22.605.000	34.848.275	47.764.930	61.392.001	75.768.561
2. Jahrgang							
zu finanzierende Summe des Vorjahres	€		0	211.000.000	433.605.000	668.453.275	916.218.205
zusätzliche Finanzierungssumme	€		200.000.000	200.000.000	200.000.000	200.000.000	200.000.000
Finanzierungssumme kumuliert	€		200.000.000	411.000.000	633.605.000	868.453.275	1.116.218.205
Rückzahlungsleistung	€		0	0	0	0	0
Zu finanzierende Summe	€		200.000.000	411.000.000	633.605.000	868.453.275	1.116.218.205
Zinsaufwand	€		11.000.000	22.605.000	34.848.275	47.764.930	61.392.001
3. Jahrgang							
zu finanzierende Summe des Vorjahres	€			0	211.000.000	433.605.000	668.453.275
zusätzliche Finanzierungssumme	€			200.000.000	200.000.000	200.000.000	200.000.000
Finanzierungssumme kumuliert	€			200.000.000	411.000.000	633.605.000	868.453.275
Rückzahlungsleistung	€			0	0	0	0
Zu finanzierende Summe	€			200.000.000	411.000.000	633.605.000	868.453.275
Zinsaufwand	€			11.000.000	22.605.000	34.848.275	47.764.930
4. Jahrgang							
zu finanzierende Summe des Vorjahres	€				0	211.000.000	433.605.000
zusätzliche Finanzierungssumme	€				200.000.000	200.000.000	200.000.000
Finanzierungssumme kumuliert	€				200.000.000	411.000.000	633.605.000
Rückzahlungsleistung	€				0	0	0
Zu finanzierende Summe	€				200.000.000	411.000.000	633.605.000
Zinsaufwand	€				11.000.000	22.605.000	34.848.275
5. Jahrgang							
zu finanzierende Summe des Vorjahres	€					0	211.000.000
zusätzliche Finanzierungssumme	€					200.000.000	200.000.000
Finanzierungssumme kumuliert	€					200.000.000	411.000.000
Rückzahlungsleistung	€					0	0
Zu finanzierende Summe	€					200.000.000	411.000.000
Zinsaufwand	€					11.000.000	22.605.000
6. Jahrgang							
zu finanzierende Summe des Vorjahres	€						0
zusätzliche Finanzierungssumme	€						200.000.000
Finanzierungssumme kumuliert	€						200.000.000
Rückzahlungsleistung	€						0
Zu finanzierende Summe	€						200.000.000
Zinsaufwand	€						11.000.000
kumulierter Zinsaufwand p.a.	€	11.000.000	33.605.000	68.453.275	116.218.205	177.610.206	253.378.768
durchschnittl. Zinsaufwand ab Jahr 13	€	339.581.626					

Berechnung der Umlagefunktion			
Ø Zahllast des Studierenden insgesamt			
Ø Rückzahlung des Studierenden insge	€	12.000	
Ø Differenz nominal	€	14.153	
	%	18	
geschätzter Rückzahlungsausfall			
	%	15	
Uni		25	75
FH		33.000	45.000
		32.000	40.000

Jahr 7	Jahr 8	Jahr 9	Jahr 10
40.490	42.110	43.794	45.546
24.294	25.266	26.277	27.328
1.944	2.021	2.102	2.186
-132	-2.153	-4.255	-6.441

Jahr 7	Jahr 8	Jahr 9	Jahr 10	Jahr 11	Jahr 12	Jahr 13	Jahr 14	Jahr 15
2.252.325	2.297.371	2.343.319	2.390.185	2.437.989	2.486.749	2.536.484	2.587.213	2.638.958
112.616	114.869	117.166	119.509	121.899	124.337	126.824	129.361	131.948
643.428	656.297	669.423	682.811	696.468	710.397	724.605	739.097	753.879

Jahr 7	Jahr 8	Jahr 9	Jahr 10	Jahr 11	Jahr 12	Jahr 13	Jahr 14	Jahr 15
1.453.378.768	1.533.314.600	1.479.906.103	1.418.050.507	1.347.062.835	1.266.211.624	1.174.716.009	1.071.742.646	956.402.437
0	0	0	0	0	0	0	0	0
1.453.378.768	1.533.314.600	1.479.906.103	1.418.050.507	1.347.062.835	1.266.211.624	1.174.716.009	1.071.742.646	956.402.437
0	130.560.000	135.782.400	141.213.696	146.862.244	152.736.734	158.846.203	165.200.051	171.808.053
1.453.378.768	1.402.754.600	1.344.123.703	1.276.836.811	1.200.200.591	1.113.474.890	1.015.869.806	906.542.595	784.594.384
79.935.832	77.151.503	73.926.804	70.226.025	66.011.033	61.241.119	55.872.839	49.859.843	43.152.691
1.177.610.206	1.453.378.768	1.533.314.600	1.479.906.103	1.418.050.507	1.347.062.835	1.266.211.624	1.174.716.009	1.071.742.646
200.000.000	0	0	0	0	0	0	0	0
1.377.610.206	1.453.378.768	1.533.314.600	1.479.906.103	1.418.050.507	1.347.062.835	1.266.211.624	1.174.716.009	1.071.742.646
0	0	130.560.000	135.782.400	141.213.696	146.862.244	152.736.734	158.846.203	165.200.051
1.377.610.206	1.453.378.768	1.402.754.600	1.344.123.703	1.276.836.811	1.200.200.591	1.113.474.890	1.015.869.806	906.542.595
75.768.561	79.935.832	77.151.503	73.926.804	70.226.025	66.011.033	61.241.119	55.872.839	49.859.843
916.218.205	1.177.610.206	1.453.378.768	1.533.314.600	1.479.906.103	1.418.050.507	1.347.062.835	1.266.211.624	1.174.716.009
200.000.000	200.000.000	0	0	0	0	0	0	0
1.116.218.205	1.377.610.206	1.453.378.768	1.533.314.600	1.479.906.103	1.418.050.507	1.347.062.835	1.266.211.624	1.174.716.009
0	0	0	130.560.000	135.782.400	141.213.696	146.862.244	152.736.734	158.846.203
1.116.218.205	1.377.610.206	1.453.378.768	1.402.754.600	1.344.123.703	1.276.836.811	1.200.200.591	1.113.474.890	1.015.869.806
61.392.001	75.768.561	79.935.832	77.151.503	73.926.804	70.226.025	66.011.033	61.241.119	55.872.839
668.453.275	916.218.205	1.177.610.206	1.453.378.768	1.533.314.600	1.479.906.103	1.418.050.507	1.347.062.835	1.266.211.624
200.000.000	200.000.000	200.000.000	0	0	0	0	0	0
868.453.275	1.116.218.205	1.377.610.206	1.453.378.768	1.533.314.600	1.479.906.103	1.418.050.507	1.347.062.835	1.266.211.624
0	0	0	0	130.560.000	135.782.400	141.213.696	146.862.244	152.736.734
868.453.275	1.116.218.205	1.377.610.206	1.453.378.768	1.402.754.600	1.344.123.703	1.276.836.811	1.200.200.591	1.113.474.890
47.764.930	61.392.001	75.768.561	79.935.832	77.151.503	73.926.804	70.226.025	66.011.033	61.241.119
433.605.000	668.453.275	916.218.205	1.177.610.206	1.453.378.768	1.533.314.600	1.479.906.103	1.418.050.507	1.347.062.835
200.000.000	200.000.000	200.000.000	200.000.000	0	0	0	0	0
633.605.000	868.453.275	1.116.218.205	1.377.610.206	1.453.378.768	1.533.314.600	1.479.906.103	1.418.050.507	1.347.062.835
0	0	0	0	0	130.560.000	135.782.400	141.213.696	146.862.244
633.605.000	868.453.275	1.116.218.205	1.377.610.206	1.453.378.768	1.402.754.600	1.344.123.703	1.276.836.811	1.200.200.591
34.848.275	47.764.930	61.392.001	75.768.561	79.935.832	77.151.503	73.926.804	70.226.025	66.011.033
211.000.000	433.605.000	668.453.275	916.218.205	1.177.610.206	1.453.378.768	1.533.314.600	1.479.906.103	1.418.050.507
200.000.000	200.000.000	200.000.000	200.000.000	200.000.000	0	0	0	0
411.000.000	633.605.000	868.453.275	1.116.218.205	1.377.610.206	1.453.378.768	1.533.314.600	1.479.906.103	1.418.050.507
0	0	0	0	0	0	130.560.000	135.782.400	141.213.696
411.000.000	633.605.000	868.453.275	1.116.218.205	1.377.610.206	1.453.378.768	1.402.754.600	1.344.123.703	1.276.836.811
22.605.000	34.848.275	47.764.930	61.392.001	75.768.561	79.935.832	77.151.503	73.926.804	70.226.025
322.314.600	376.861.103	415.939.632	438.400.726	443.019.757	428.492.315	404.429.322	377.137.662	346.363.549

Jahr 16	Jahr 17	Jahr 18	Jahr 19	Jahr 20	Jahr 21	Jahr 22	Jahr 23	Jahr 24
2.691.737	2.745.571	2.800.483	2.856.492	2.913.622	2.971.895	3.031.333	3.091.959	3.153.799
134.587	137.279	140.024	142.825	145.681	148.595	151.567	154.598	157.690
768.956	784.336	800.022	816.023	832.343	848.990	865.970	883.289	900.955

Jahr 16	Jahr 17	Jahr 18	Jahr 19	Jahr 20	Jahr 21	Jahr 22	Jahr 23	Jahr 24
0	211.000.000	433.605.000	668.453.275	916.218.205	1.177.610.206	1.453.378.768	1.533.314.600	1.479.906.103
200.000.000	200.000.000	200.000.000	200.000.000	200.000.000	200.000.000	0	0	0
200.000.000	411.000.000	633.605.000	868.453.275	1.116.218.205	1.377.610.206	1.453.378.768	1.533.314.600	1.479.906.103
0	0	0	0	0	0	0	130.560.000	135.782.400
200.000.000	411.000.000	633.605.000	868.453.275	1.116.218.205	1.377.610.206	1.453.378.768	1.402.754.600	1.344.123.703
11.000.000	22.605.000	34.848.275	47.764.930	61.392.001	75.768.561	79.935.832	77.151.503	73.926.804
956.402.437	0	211.000.000	433.605.000	668.453.275	916.218.205	1.177.610.206	1.453.378.768	1.533.314.600
0	200.000.000	200.000.000	200.000.000	200.000.000	200.000.000	200.000.000	0	0
956.402.437	200.000.000	411.000.000	633.605.000	868.453.275	1.116.218.205	1.377.610.206	1.453.378.768	1.533.314.600
171.808.053	0	0	0	0	0	0	0	130.560.000
784.594.384	200.000.000	411.000.000	633.605.000	868.453.275	1.116.218.205	1.377.610.206	1.453.378.768	1.402.754.600
43.152.691	11.000.000	22.605.000	34.848.275	47.764.930	61.392.001	75.768.561	79.935.832	77.151.503
1.071.742.646	956.402.437	0	211.000.000	433.605.000	668.453.275	916.218.205	1.177.610.206	1.453.378.768
0	0	200.000.000	200.000.000	200.000.000	200.000.000	200.000.000	200.000.000	0
1.071.742.646	956.402.437	200.000.000	411.000.000	633.605.000	868.453.275	1.116.218.205	1.377.610.206	1.453.378.768
165.200.051	171.808.053	0	0	0	0	0	0	0
906.542.595	784.594.384	200.000.000	411.000.000	633.605.000	868.453.275	1.116.218.205	1.377.610.206	1.453.378.768
49.859.843	43.152.691	11.000.000	22.605.000	34.848.275	47.764.930	61.392.001	75.768.561	79.935.832
1.174.716.009	1.071.742.646	956.402.437	0	211.000.000	433.605.000	668.453.275	916.218.205	1.177.610.206
0	0	0	200.000.000	200.000.000	200.000.000	200.000.000	200.000.000	200.000.000
1.174.716.009	1.071.742.646	956.402.437	200.000.000	411.000.000	633.605.000	868.453.275	1.116.218.205	1.377.610.206
158.846.203	165.200.051	171.808.053	0	0	0	0	0	0
1.015.869.806	906.542.595	784.594.384	200.000.000	411.000.000	633.605.000	868.453.275	1.116.218.205	1.377.610.206
55.872.839	49.859.843	43.152.691	11.000.000	22.605.000	34.848.275	47.764.930	61.392.001	75.768.561
1.266.211.624	1.174.716.009	1.071.742.646	956.402.437	0	211.000.000	433.605.000	668.453.275	916.218.205
0	0	0	0	200.000.000	200.000.000	200.000.000	200.000.000	200.000.000
1.266.211.624	1.174.716.009	1.071.742.646	956.402.437	200.000.000	411.000.000	633.605.000	868.453.275	1.116.218.205
152.736.734	158.846.203	165.200.051	171.808.053	0	0	0	0	0
1.113.474.890	1.015.869.806	906.542.595	784.594.384	200.000.000	411.000.000	633.605.000	868.453.275	1.116.218.205
61.241.119	55.872.839	49.859.843	43.152.691	11.000.000	22.605.000	34.848.275	47.764.930	61.392.001
1.347.062.835	1.266.211.624	1.174.716.009	1.071.742.646	956.402.437	0	211.000.000	433.605.000	668.453.275
0	0	0	0	0	200.000.000	200.000.000	200.000.000	200.000.000
1.347.062.835	1.266.211.624	1.174.716.009	1.071.742.646	956.402.437	200.000.000	411.000.000	633.605.000	868.453.275
146.862.244	152.736.734	158.846.203	165.200.051	171.808.053	0	0	0	0
1.200.200.591	1.113.474.890	1.015.869.806	906.542.595	784.594.384	200.000.000	411.000.000	633.605.000	868.453.275
66.011.033	61.241.119	55.872.839	49.859.843	43.152.691	11.000.000	22.605.000	34.848.275	47.764.930
287.137.525	243.731.492	217.338.648	209.230.739	220.762.898	253.378.768	322.314.600	376.861.103	415.939.632

Jahr 25	Jahr 26	Jahr 27	Jahr 28	Jahr 29	Jahr 30
3.216.874	3.281.212	3.346.836	3.413.773	3.482.048	3.551.689
160.844	164.061	167.342	170.689	174.102	177.584
918.974	937.354	956.101	975.223	994.727	1.014.622

Jahr 25	Jahr 26	Jahr 27	Jahr 28	Jahr 29	Jahr 30
1.418.050.507	1.347.062.835	1.266.211.624	1.174.716.009	1.071.742.646	956.402.437
0	0	0	0	0	0
1.418.050.507	1.347.062.835	1.266.211.624	1.174.716.009	1.071.742.646	956.402.437
141.213.696	146.862.244	152.736.734	158.846.203	165.200.051	171.808.053
1.276.836.811	1.200.200.591	1.113.474.890	1.015.869.806	906.542.595	784.594.384
70.226.025	66.011.033	61.241.119	55.872.839	49.859.843	43.152.691
1.479.906.103	1.418.050.507	1.347.062.835	1.266.211.624	1.174.716.009	1.071.742.646
0	0	0	0	0	0
1.479.906.103	1.418.050.507	1.347.062.835	1.266.211.624	1.174.716.009	1.071.742.646
135.782.400	141.213.696	146.862.244	152.736.734	158.846.203	165.200.051
1.344.123.703	1.276.836.811	1.200.200.591	1.113.474.890	1.015.869.806	906.542.595
73.926.804	70.226.025	66.011.033	61.241.119	55.872.839	49.859.843
1.533.314.600	1.479.906.103	1.418.050.507	1.347.062.835	1.266.211.624	1.174.716.009
0	0	0	0	0	0
1.533.314.600	1.479.906.103	1.418.050.507	1.347.062.835	1.266.211.624	1.174.716.009
130.560.000	135.782.400	141.213.696	146.862.244	152.736.734	158.846.203
1.402.754.600	1.344.123.703	1.276.836.811	1.200.200.591	1.113.474.890	1.015.869.806
77.151.503	73.926.804	70.226.025	66.011.033	61.241.119	55.872.839
1.453.378.768	1.533.314.600	1.479.906.103	1.418.050.507	1.347.062.835	1.266.211.624
0	0	0	0	0	0
1.453.378.768	1.533.314.600	1.479.906.103	1.418.050.507	1.347.062.835	1.266.211.624
0	130.560.000	135.782.400	141.213.696	146.862.244	152.736.734
1.453.378.768	1.402.754.600	1.344.123.703	1.276.836.811	1.200.200.591	1.113.474.890
79.935.832	77.151.503	73.926.804	70.226.025	66.011.033	61.241.119
1.177.610.206	1.453.378.768	1.533.314.600	1.479.906.103	1.418.050.507	1.347.062.835
200.000.000	0	0	0	0	0
1.377.610.206	1.453.378.768	1.533.314.600	1.479.906.103	1.418.050.507	1.347.062.835
0	0	130.560.000	135.782.400	141.213.696	146.862.244
1.377.610.206	1.453.378.768	1.402.754.600	1.344.123.703	1.276.836.811	1.200.200.591
75.768.561	79.935.832	77.151.503	73.926.804	70.226.025	66.011.033
916.218.205	1.177.610.206	1.453.378.768	1.533.314.600	1.479.906.103	1.418.050.507
200.000.000	200.000.000	0	0	0	0
1.116.218.205	1.377.610.206	1.453.378.768	1.533.314.600	1.479.906.103	1.418.050.507
0	0	0	130.560.000	135.782.400	141.213.696
1.116.218.205	1.377.610.206	1.453.378.768	1.402.754.600	1.344.123.703	1.276.836.811
61.392.001	75.768.561	79.935.832	77.151.503	73.926.804	70.226.025
438.400.726	443.019.757	428.492.315	404.429.322	377.137.662	346.363.549

Philipp **Duske**, geboren 1973, aufgewachsen in Neumünster, Schleswig-Holstein, Ausbildung zum Immobilienkaufmann in Hamburg, Studium der Wirtschaftswissenschaften an der Universität Witten/Herdecke, währenddessen verschiedene Praktika im In- und Ausland, u.a. Stipendiat der Stiftung der Deutschen Wirtschaft, 2003-2004 Mitarbeiter der Unternehmensberatung NOHETO! GmbH & Co. KG, Leitung des Unternehmensbereiches Immobilien.